おさしづ春秋

橋本道人

MICHIHITO
HASHIMOTO

道友社

おさしづ春秋　目次

I

この旬にこそ

II

たった一つの心

Ⅲ

ちばへ

Ⅳ

教祖の温もり

装丁／イラストレーション……森本誠

おさしづ春秋

I この旬にこそ

まなざし

人がどう言うこう言うても、天が見通し。（明治三十四年四月十五日）

誰かのまなざしを感じて生きるということがある。父であったり母であったり、あるいは恩師であったりと人によって様々だろうが、ふとした時に、そこには居ないはずの誰かのまなざしを感じて背筋がしゃんとするのである。

この句に、と一念発起をしたある婦人が、当時、教会で毎日つとめていた半下りのてをどりまなびに通いはじめた。爆弾を抱えているような彼女の心臓の持病にとって、三十分ちかくのてをどりの負担は決して軽いものではなかった。しかし、ともかくも、通いはじめた。

しばらくしてある日、心電図の記録を見ながら医師がいった。あなたは毎日同じ時間、この夕方の三十分間、何をして過ごしていますか? 「てをどり、です」。不思議ですねえ、あなたの心臓は、毎日この三十分間だけ正常に動いています。以来、彼女の心臓がよくなったというわけではない。ただ、「神様は確かに私を見ていてくださる」という実感が胸にしみた。

ふしぎ見てまた道通る楽しみ、と先人は云《い》う。ほこりをはらい、やまいの根を切る道中は決して短かろうはずはない。一代や二代のことではないかもしれない。しかしその遥《はる》かな道も、時折お見せいただくふしぎに励まされて通り切ることができるのであって、ある日、ふと、ふしぎというものが親神様の親心にみちた、その尊いお姿であったことに気づくのである。

子供のころ、年寄りから「神様は、廊下の隅から見てござる」と脅された。どこで、何をしていても、神様はぜんぶ見てござるぞ、心の中まで見てござるぞ、というこわい印象の神様のまなざしは、私には、今もなおこわい。

教祖居まさざりせば

教祖《おやさま》の蔭《かげ》神様の蔭や。どう成りても構わん。（明治二十八年三月十八日）

今でこそ、山を削ったりトンネルを通したりして交通の便がよくなったけれども、ひと昔まえには、海岸線に断崖のせまった漁村などへは、容易に近づくことすらできなかったときく。海から舟《ふね》を使って辛《かろ》うじて出入りをしていたところも多かったらしい。その海も冬場は牙をむいて人をこばむ。しかし、そんなところにも、誰かが道をつけ、教会がある。

過日、参拝をさせていただいた或《あ》る教会の床の間にあった一幅の掛け軸が心に残り、今も埋《うず》み火のように消えない。軸には、「もしおやさ満以《まい》まさゞり勢波《せば》」と書かれてあった。字句の典拠はわからないが、六十年ほどまえに、その教会の神殿が落成した日に「神殿建築落成奉告祭に思ふ」として筆をとった当時の会長の遺墨《いぼく》である。

もし、教祖が居《お》られなかったとしたならば、結構なこの道はなく、この道によって我家《わがや》が救《たす》けていただいたということもなく、したがって自分自身もこの世にはなく、むろん、この名称も信者も、そして今日こうして立派に落成した神殿も、もし、教祖が居られなかったとしたならば、すべて、無い。と感慨をめぐらせたに違いない。

教祖が、子供かわいい一条から、筆舌にならない艱難《かんなん》苦労をお通りくだされればこその今日という日であり、何もかもすべてが、ありがたくも勿体《もったい》ない、教祖のおかげである。〈もし、教祖居《い》まさざりせば〉軸を仰ぐ目頭に熱いものがこみあげた。じつに、これを忘れて道とは言えようまい。と、胸に刻んだ。

窓の外に荒れた冬の海がひろがっていた。

冷たい廊下

扉《とびら》を開いて働き切って居《い》る。影姿《かげすがた》分からん。

（明治三十三年十月十四日）

かつて、真夜中すぎに消防署のレスキュー隊から電話がきて、救命救急センターへ車をとばしたことがあった。布教所長夫妻が仕事から帰宅の途中、運転を誤ってガードレールを突破して三十メートル下の岩場に落ちた。どしゃ降りの凍るような夜だった。

右も左もわからずにいると、冷たく薄暗い廊下を遠くからけたたましい音をたてて患者を乗せたストレッチャーが近づいてくる。医師や看護師に取り囲まれたまま手術室へ向かっている。その近づく騒ぎの中に女性の叫び声が混じっている。「ダレカー、ダレカー」と繰り返し、「ダレカ、ワタシニー」、悲鳴のように「ダレカ、ワタシニ、アリガタイ、オサヅケヲ、トリツイデクダサーイ」と叫び声が廊下に響きわたっている。思わず立ちつくした。ダレカとは、私のことだ。猛スピードのストレッチャーを止めて、叫ぶ夫人に夢中でおさづけを取り次がせていただいた。

後に、夫妻ともすっかり元気になられてから聞いたことだが、あのときストレッチャーで運ばれた夫人は内臓破裂で、まったく意識がなかったという。それを知って、また慄然《りつぜん》とした。あのどしゃ降りの真夜中すぎ、あの薄暗い救命救急センターの冷たい廊下に、泥まみれのレスキュー隊員や警察が行き交い、無線機の声がわめく中、私が駆けつけるよりも先に、ご存命の教祖がそこにおいでになっていた。そして、ダレカ、おたすけ人の来るのを待っておられたに違いない。

今も耳に残る「ダレカー、ダレカー」という声。町のどこかで、苦しむ者の枕辺《まくらべ》で、ご存命の教祖がお待ちくださる。

春季大祭の近づく、今夜も雨は冷たい。

人間は滅びない

強い者は弱い、弱い者は強いで。強い者弱いと言うのは、可怪《おか》しいようなものや。それ心の誠を強いのやで。（明治二十年十二月四日）

若いころ、元京都大学総長の岡本道雄《おかもとみちお》氏にお会いしたことがある。当時はまだ七十代なかばだったろうか、知の巨人に似合わず、初対面の青年に対して同じ目の高さから懇切に語りかけてくださった。

話は、大正二年頃に生物学者の丘浅次郎《おかあさじろう》が書いた『生物学講話』という一冊の本の紹介から始まった。その本によると、種《しゅ》の栄えるのも滅びるのも、その種の属性によるものであるという。つまり、マンモスは大きな体と牙を持っていて、それで栄えたが、滅びるときもそれで滅びた。環境の変化によって、巨体を支える食料が足りなくなったのである。

人間が万物の霊長《れいちょう》として君臨したのは脳の力である。丘浅次郎は科学技術を例に挙げて、人間はそれによって栄え、それによって滅びるという。確かにその懸念はおおいにある。「あるが、しかし」、岡本氏は微笑をうかべて「そうは、ならないんだ」と言った。脳研究の権威でもある氏は、「人間の脳はとどまることを知っている」と述べ、「科学的に成功するのと同じように、人間の脳は宗教というものを持ち得て、とどまって考え、反省することができる……人間は、滅びない」と丘浅次郎の説を悠然《ゆうぜん》と否定した。そして身を乗り出すようにして「君たちの活躍に掛かっている」と勢いよく言われて、「はいっ」と感奮《かんぷん》してしまったことが思えば恥ずかしかった。

近年、岡本氏の消息を伝える記事には、「子が親を大切にするのは、人間のみである。したがって親孝行は、人間最初の文化である。またそれは同時に、人間最高の文化でもある」と、氏の言葉が引用されてあった。

一手一つの理

一手一つ理が治まれば日々《にちにち》理が栄える。大き一つ心の楽しみ。

（明治二十二年一月二十七日）


栄える理とは何か。なぜ、栄えるものは栄えるのか。

それは経営の方法や条件などではなく、あらゆる家業において、一家において、教会において喉《のど》から手の出るようにいただきたいご守護にちがいない。いただけるとあらばどれほどの楽しみだろうか。

先人の諭《さと》しに、「教会や一家が盛んでないのは、人々の心が一手一つになって、神様の御働きを受けるだけの、心の足場が出来て居《い》ぬからである」（増野鼓雪《こせつ》『みちのとも』「短言録」立教七十九年十一月号）とある。

教会や一家が盛んでないのは、と先人の戒めるその原因の一つが、まさか一手一つということと関わっていようとは、にわかに思い難《がた》い。

思い難いからこそ、「いかに多くのものが相集《あいあつま》つても、一手一つの理を欠くならば、親神に受け取つて頂けない……」との『天理教教典』の記述を、つい軽く思ってしまう。一手一つの理を欠きながらも危機感の薄いところに、人間思案のなんともいえない危うさがある。

こつこつと心の足場を組み立てるには、癖性分《くせしょうぶん》をつつしみ、皆が一つの向きに心をそろえて、互いに立て合い扶《たす》け合うこととおよそ心得るのだが、容易なことではない。けれど、

一手一つに皆結んでくれるなら、どんな守護もする。
（明治三十一年一月十九日）

とまで仰せいただきながら、一手一つの大切さの分からぬ勝手な思案では困るのである。

ひのきしん隊

先々《さきさき》旬々《しゅんしゅん》の理を以《もっ》て通れば、花が咲く。

（明治二十四年一月十九日）

ぢばへの伏せ込みを旗印に、おやさとふしん青年会ひのきしん隊が結成されて、六十余年になるという。隊員として幾度、唱和したか知れない「をやの息をかけて頂こう」という合言葉を、今ごろになって噛《か》みしめる思いがする。

筆者の父は、昭和二十九年のひのきしん隊発足当初から数年間そこでお使いいただいた。当時は皆、一カ月分の米を持参しての勤めであったと聞く。

自教会は、昭和二十年の夏に第二次大戦の空襲によって全焼し、昭和二十八年になってやっと本格的な復興の普請《ふしん》が始まったが、上棟式の明くる日、当時会長であった祖父が病に倒れた。そんな大節の中、教祖七十年祭活動の一環としておやさとやかた構想が発表されるや、「まず、おぢばへ、おやさとやかたへ」と、教会の普請を中断しての伏せ込みであった。教会の普請は、おやさとやかた（東棟）が完成し、昭和三十一年に七十年祭を終えて再開した。すでに、祖父はご守護をいただいていた。

そんな父が余命数カ月と診断されたのは六十を過ぎたころだったが、多くの方々の真実によって、それから十数年もおいていただいた。この延命のご守護は、教会にとっても、家族にとっても掛けがえのない猶予《ゆうよ》の時間となったことは言うまでもない。

父は晩年、よくこんなことを見舞いに来てくれた人たちに話していた。「私は命のないところを十年以上もおいていただいたが、いくら考えても、そんな大きな理が戴《いただ》ける程《ほど》のおたすけも御用も出来てはいない……もし、そんな大きな理を頂戴《ちょうだい》したとしたなら、それは、若いころ、おぢばのひのきしん隊で風呂焚《た》きをさせていただいたこと以外には、思い当たらない」と。

教祖七十年祭からすでに四十年余りが過ぎたころのことである。

潮ごり

日々《にちにち》常々尽《つく》す誠一つの理が人を救《たす》ける、救かる。

（明治二十二年一月九日）

「潮《しお》ごり」という言葉がある。

窓から潮の匂《にお》いのする教会で、初代の話を聞いていたときに、その聞きなれない言葉が出たのである。初代は故郷を遠く離れたその地に単身布教に入り、漁師が道具などをしまう小さな納屋《なや》に寝泊まりしておたすけに没頭した。冬、病人のもとへ出かける前には海岸に行き、凍《い》てつくような海に腰まで入って十二下りのてをどりをした。これが「潮ごり」というもので、時には、病人と海を一日に何度も往復したという。

たすけられた者は別科（今の修養科）に入り、修了して帰郷するや初代と一緒に「潮ごり」をとっておたすけに出たという。そういう者が一人増え、二人増えして教会ができたという。「極寒に潮ごりとって、たすからんはずがなかろう」と古老が初代の面影を振り返る。たすけの理作りというか、ご守護の裏打ちというべきものか、明治の一時期、瀬戸内沿岸に「潮ごり」をする布教師が多く現れたと聞く。真剣を振りかざして立ち向かっていくような気迫を感じるのである。

その「潮ごり」も、もはや死語のようになって耳にすることはないが、せめてその心意気なりとも、と思うのである。

日々常々のひのきしん、日参、お供え、てをどりまなび、神名流し……と、決して特別に難しいことではない日々の積み重ねに、勇み心やたすけ心が与わり、たすけの裏打ちとなって効能をお見せいただくのではないだろうか。

実践躬行

日々《にちにち》行いを第一。行い無くして、こうのう無くして、いつまで待ったてこうのうあらせん。

（明治三十三年十二月七日）

萩《はぎ》の吉田松陰《よしだしょういん》は幼いころ兄の梅太郎《うめたろう》と共に、後に松下村塾《しょうかそんじゅく》の創始者となる叔父玉木文之進《たまきぶんのしん》のもとへ勉学に通っていた。彼らにとって学問修養をするということは、世のために尽くす至誠への道そのものであった。ある年の元日に、兄梅太郎が、「今日だけは休もうではないか」と言った。ところが「兄さん、正月も一年の中の一日ですよ」という松陰の言葉に梅太郎もうなずき、二人で出かけたという。日々常々、小さなことも決して怠らない実践躬行《じっせんきゅうこう》が、人に映り天に映る。

分かっている。ということと、それを実行するということとは雲泥《うんでい》の違いである。

いな、宇宙の端と端ほどの隔たりがある。明治二十五年の新春から始めた丹波《たんば》の布教は、後に東本《とうほん》大教会初代会長となる中川与志《なかがわよし》姉にとって、全生涯の本舞台であり、この花の結んだ実がやがて東京における東本となった、と聞く。名状し難《がた》い荒道であった。

その道中、姉は時々、丹波からはるばる大阪の所属教会へ足を運び、話を聞かせていただいたという。ある時、応対してくださった先生が「この道は朝起き、正直、働きが大事や」と話し始めると、姉は「先生、ありがとうございました。また、どうぞお願いいたします」と帰り支度を始めた。先生が「中川……話はこれからや が」と慌てて引き止めると、姉は「只今《ただいま》、この道は朝起き、正直、働きが大事やと聞かせていただきましたが、私はこれを実行させていただいて、出来たら、また次のお話を伺わせていただきます」と言った。険しい荒道に、なりふりを構わず無我夢中で踏みしめられた尊い足跡と拝察する。

新年に思いの重なる話を二つ。

父母状の碑

何《なん》ぼ賢《かし》こに生まれても、教えにゃ知りゃせん。聞かにゃ分からんで。どんな者でも、聞いて一つ、通りて年限重ねて一つの理という。

（明治三十二年五月三十一日）

城下町ゆえに近所の道端には古い石碑が多く、立ち止まってよく見ると思わぬ物語が刻まれていたりすることがある。

その一つに、「父母状《ふぼじょう》の碑《ひ》」という岩がある。一六五八年、紀州熊野《きしゅうくまの》の山村に暮らしていた青年が父親を殺した。父親は酒癖が悪く、家族や隣人に悪口を並べ、青年の母親に暴力を振るった。青年は「他人の親を殺したのなら悪いが、自分の親を殺してなぜ悪い」と後悔する様子が見られない。このことに心を痛めた紀州藩主、徳川頼宣《とくがわよりのぶ》（八代将軍・吉宗《よしむね》の祖父）は、「藩の教育に問題があった。彼一人の罪でない。私の不徳を恥じるのみだ」とし、父殺しの罪深さを納得しないまま処刑するのは忍びないと、藩の儒学者、李梅渓《りばいけい》に「人の道を教えてやってくれ」と依頼した。梅渓は毎日牢獄《ろうごく》に通い、親孝行の道を説いた。三年後、青年はようやく罪の深さを理解し、刑を受け入れた。およそ三百六十年も昔の出来事である。

頼宣は以来、「父母に孝行して、法を守り、謙《へりくだ》り、奢《おご》らず、家業に勤め、正直を本とする……」との訓諭を書いた紙を領内の各家に貼らせた。書き出しが「父母」で始まっているので、「父母状」と呼ばれるこの書は、寺子屋で教材として使われ、百姓や町人の寄り合いで読み聞かせが行われるなど徹底した周知がなされ、紀州徳川藩政の教育の指針になったといわれる。碑には李梅渓の見事な筆跡の父母状が刻まれている。

「誰でも知っていることであるが、このことを常々教え諭《さと》さなくてはならない」と、その文末は結ばれている。このあたりに教育の本質があるのではないかと、苔《こけ》むしてなお立ち続ける碑を見て思った。

勇む

何《なん》でも彼《か》でも勇むように取り替えねばならん。一つの理が治まらぬからいずむ。

（明治二十六年一月十五日）

典拠は知らないが、勇み心に埃《ほこり》散る、と人にいわれて身にしみたことがある。二十二、三歳の頃だったろうか、よくお世話になったおやさとふしん青年会ひのきしん隊の宿舎でのこと。二月極寒のある朝、目が覚めると風邪をひいたのか熱があり、体がやるせなく重い。私は、皆があわただしく出動の仕度をしている部屋の隅で、今日は休養をさせていただこうと決めて布団をかぶっていた。突然、「勇み心に埃散る、さあ、起きた起きた」という大声とともに布団がはがされた。ぐずぐず言い訳をする私に、その人は聞く耳をもたずに笑顔で同じ言葉を繰り返した。

私は、勇んでなどいない。勇んでなどいないのに勇み心という。その勢いに突き飛ばされるようにヘルメットをかぶって頬《ほお》を切るような風の中に飛び出した。すると、ひのきしんを始めるころには何ともいえない爽快《そうかい》な気分になって、それきり熱はでなかった。それは、周りの言う「気の持ちよう」というような曖昧《あいまい》なものではなく、ただただ、親心が胸にしみわたる思いがして、勇みが湧き起こった。

この教えの中でじつに不思議な力を持つ「勇む」という言葉は、多くの場合「にもかかわらず」というニュアンスを内に含んでいるといわれる。つまり、勇めるような状況ではないにもかかわらず、勇むように心を取り替える、の意味をいうのである。

前掲と同様、思召《おぼしめし》の受け止め方について諭《さと》されたこんなおさしづもある、

勇み来れば勇む道がある。思《し》やんすれば思やんする道がある。一時《じ》に治めようと思えば、治まる理がある。

(明治三十一年八月四日)

いま、おたすけの最前線におられるその人は、私の布団を引っぱがしたあのとき、

仕事を辞めて、たすけ一条の生活に踏み切ろうと長い葛藤《かっとう》をしていたさなかであったと、あとで知った。

木瓜の花

届かん者は阿呆《あほう》とも言う。届かんけれども心一つ実《じつ》を楽しんで通るが道の台と言う。

（明治二十八年七月二日）

前に、花の博覧会の大きなポスターがあちこちに貼られていたことがあった。そのポスターには、一年、三百六十五日に三百六十五種類の花がふり分けられていて、それぞれ花の小さな写真が日づけの横にならべてあった。

つい自分の誕生日の花が気になって立ちどまる。と、その日は、木瓜《ぼけ》の花。思わず「ボケ、か」と肩の力がぬけて、ほっこりと安心したような心持ちになったのをおぼえている。

自分の花という訳の分からぬ心理から、さっそく、知り合いに頼んで株分けをしてもらい、塀ぎわに植えた。そして、楽しみにしていた次の春には無数の花をつけた。つけたけれども、花といい、枝といい輪郭《りんかく》がぼやっとしていて、いかにも目立たず、風采《ふうさい》があがらない。花のくせに華がないのである。

夏目漱石《なつめそうせき》は小説『草枕《くさまくら》』の中で、「木瓜は面白い花である。枝は頑固で、かつて曲《まが》った事がない。そんなら真直《まっす》ぐかと云《い》うと、決して真直ぐでもない。（中略）評して見ると木瓜は花のうちで、愚かにして悟ったものであろう。世間には拙《せつ》を守《まも》ると云う人がある。この人が来世に生まれ変わると屹度《きっと》木瓜になる。余も木瓜になりたい」と、主人公をして言わしめる。目先の利に走らず不器用でも愚直に生きることを、拙を守るというらしい。信仰者の憧《あこが》れのようなものだろうか、「神様は阿呆が望み」とお聞かせくださるその阿呆を思った。

漱石が熊本で教師時代の俳句に、「木瓜咲くや漱石拙を守るべく」というのがある。おそらく、若き日の漱石にとって拙を守るという生き方は憧れであったにちがいない。

淡い春の陽《ひ》をうけてつつしんでいる木瓜の花が、今年はとくに待ちどおしい。

この句にこそ

出けるよう成ったんは、何《なに》か無しに成ったんやない。皆《みな》句がある で。
(明治三十二年三月二日)

させていただかねば、と思いつつも、さまざまな事情や逡巡《しゅんじゅん》からどうしても実行できなかったこと。それが実行できるようになったのも、何某《なにがし》かの句があればこそである。

明治二十年陰暦正月二十六日、

一同全く心定まり、眞之亮《しんのすけ》から、おつとめの時、若《も》し警察よりいかなる干渉あっても、命捨てでもという心の者のみ、おつとめせよ。と、言い渡した。一同意を決し、下着を重ね足袋《たび》を重ねて、拘引《こういん》を覚悟の上、午後一時頃から鳴物も入れて堂々とつとめに取り掛《かか》った。

（『稿本天理教教祖伝』）

これまで、どうしても踏み切れなかった一歩を、極限ともいえる状況のなかで、あらゆる逡巡を払いのけて踏み切った。教祖年祭の元一日である。

余事に触れるが、先の教祖年祭の直前、ある信者宅で近くに嫁いだ娘とのちょっとした口論から父親が常軌《じょうき》を逸して暴れ、どうにも手の施しようがなく家族は弱りはて、娘は実家に近寄ることが出来なくなった。日頃はごく静かな父親である。

親神様のお手入れとしか思えないほどの極端な状況がひと月も続くなか家族は、今、実行することのできる心定めを模索した。そして、別席を九席まで運んだきり長年そのままになっていた娘が、急きょおぢばへと走り、おさづけの理を拝戴《はいたい》した。電光石火のごとき手立ても、ただ無我夢中の一言につきる。

その日の夕方、暴れ続けた父親は突然、風船の空気がぬけるように床にくずれ、夢から覚めたように静かな父にもどった。ちょうどそれは、おぢばで娘がおさづけの理を拝戴した時刻であった。

思い切りのいんねん切り、といわれるように、これまで心にかかっていたが実行できなかったことを、親神様にもたれて、理屈ではなくエイッと思い切って実行に踏み切る。教祖の御年祭の旬には、そんな要素も強くあると思うのである。

谷足加重

春の理を始めたるなれば、静かの心を持ちて、静かの理を始め聞くという。

（明治二十三年五月十五日）

痛いような風の冷たさに、ふと、若い頃に仲間と行ったスキー場を思い出す。私はいつもへっぴり腰で、ついに上手《うま》くはならなかったが、はるかな雪原《せつげん》は気が突き抜けるように爽快《そうかい》で楽しかった。

初めてスキーを履いた日、スキーは「谷足加重《たにあしかじゅう》」が基本だとおそわった。初心者は急な斜面でスピードが出はじめると、つい怖さに腰が引けて斜面の山側に体重がかかる。そうなるとスキーはコントロールを失い、止まることも曲がることもできずに暴走してしまう。斜面では常に進行方向である谷側の足に体重をかけて前のめりになること、すなわち「谷足加重」によってスキーがコントロールできるのだという。と、いうは易《やす》しで、実際にやってみるとどうしても足腰がおじけづいて、〈スキーとは恐怖との闘いである〉と悟ったような断案を下す始末である。

もうスキーに行くことはないだろうが、人生も「谷足加重」が大事だと思う。安きに流されぬよう、しんどいほうにしっかりと体重をかけて、前のめりに生きてこそコントロールを失わずにいられるのだろう。勝ち負けなどではなく、いい人生にするためのコントロールである。

惨《さん》たる闘病生活を綴《つづ》った『病牀六尺《びょうしょうろくしゃく》』の中で正岡子規《まさおかしき》は、「悟りといふ事は如何《いか》なる場合にも平気で死ぬる事かと思って居たのは間違ひで、悟りといふ事は如何なる場合にも平気で生きて居る事であった。」と記している。

お言葉の「静かの心」とは決して楽々の局面ではないだろうと思う。重心をドンと神様のほうにかけて、急な斜面にさしかかるのである。

十五才までは

十五才までは親の心通りの守護と聞かし、十五才以上は皆めん〳〵の心通りや。
（明治二十一年八月三十日）

「べき」という言葉は、個々の主観を超えた理のあることを納得して下す判断であると、『広辞苑《こうじえん》』にはある。

かつて、周囲の反対をおしきってまで結婚をしようとしている女子学生に、そうまでして結婚するんだから末永く幸せになりなさいよというと、彼女はわるびれる様子もなく、それだけは約束できません、今は好きだけど、いつか彼のことが嫌いになるかもしれないからといった。こればっかりは、ともいった。驚きというよりも気の陰る思いがした。

好き嫌い、ということに価値の比重がずっしりとかかっていて、「こうあるべき」の「べき」を貴《とうと》ぶような、それこそ個々の主観を超えた理が、はげしく欠落しているように思えてならない。このことは、何事も自分の心に正直に生きることが大切だ、と耳ざわりのいい風潮を流す大人たちにも重なる。

極端なことを言ってはいけないが、御教《みおし》えからすれば、子供たちは十五才を過ぎると、容赦なく、自分の心通りに現れてくる世界に暮らさねばならなくなる。心通りの世界で、心通りのご守護をいただくためには、少なくとも、その「心」について学ぶ必要がある。あるいは、それまでに学んでおく必要がある。と、いうことになる。

学生たちと接していると、いかに自分が学生であったときの心境を忘れているかに気づく。あの不安定であやうい心持ちの日々を思い返して、確かな拠《よ》り所について話したい。

お願いのおつとめ

つとめせにゃならん。つとめで開かにゃ開けんく〳〵。

（明治三十一年九月三十日）

陽気ぐらしの反対は、と問われると、陰気ぐらし、と言いたいところだが、そうではなくて、あえて言えば「あしきくらし」ということになるらしい。悪《あ》しきは、人に悪しきことをもたらせ、世の中に悪しきことを招く。

おそらく、悪しきとは、長い歳月のあいだに、人間が欲望の随《まにま》に重ねてきた心のほこりやいんねんのようなものだろうかと思う。それを除くには、人間の最善の努力とともに、親神様が、この世と人間をお創《はじ》めになったときの、あの大きなお力をお貸しいただかなければ成就《じょうじゅ》するものではないのである。

慶応《けいおう》二年に教えられた「あしきはらひたすけたまへ　てんりわうのみこと」とのおつとめは、それまでの「なむてんりわうのみこと」と神名を繰り返すおつとめから、お願いのおつとめになったといわれる。

……どうか、わが悪しきを払《はろ》うて、お救《たす》けください。どうか、世界の人々の悪しきを払うて、お救けください。天理王命様、お願い申し上げます……。

さらには、「いちれつすまして」と、世界一列の心を澄まして陽気ぐらしの世にお導きください。と、日々、口と心を揃《そろ》えて祈念させていただく。

身近な身上や事情はもとより、地球規模での紛争や天変地異にいたるまで、その要因となる悪しきを払い除いて救けを願うということは、おそらく、私たちこの道の信仰者にしか出来ない手立てではないかと思うのである。

痛みを知る訓練

難儀不自由からやなけにゃ人の難儀不自由は分からん。

（明治二十三年六月十二日）

残寒《ざんかん》の候。近くに用があって小石川後楽園《こいしかわこうらくえん》の庭を歩いた。つめたさの中にも、せせらぎの水音は鋭さが少しゆるんで、雪吊《つ》りをした松を渡る風もすでに春を含んでいた。造りこんだ常緑樹よりもむしろ楓《かえで》や欅《けやき》の大樹が多く、心も広やかになる。

この庭は、江戸初期、水戸徳川氏の初祖頼房《よりふさ》が造り、二代光圀《みつくに》によって完成した。光圀は江戸城外濠《そとぼり》（神田川）沿いの水戸藩上屋敷《かみやしき》に暮らしたが、屋敷跡は文京区役所や東京ドームなどになってしまい、庭だけが残っている。黄門《こうもん》様のお庭である。

その庭の一画になんと田圃《たんぼ》がある。これは光圀が嗣子《しし》・綱条《つなえだ》の夫人（季姫）に農民の苦労を教えようと作った稲田で、今では毎年、文京区内の小学生が五月に田植えをし九月には稲刈りをしている。

作家の司馬遼太郎《しばりょうたろう》は、小学六年生の国語の教科書に書いた『二十一世紀に生きる君たちへ』という文章の中で、祈るようにして子どもたちに語りかける。「……助け合うという気持ちや行動のもとのもとは、いたわりという感情である。他人の痛みを感じることと言ってもいい。やさしさと言いかえてもいい。『いたわり』『他人の痛みを感じること』『やさしさ』みな似たような言葉である。この三つの言葉は、もともと一つの根から出ているのである。根といっても、本能ではない。だから、私たちは訓練をしてそれを身につけねばならないのである……」。

後楽園の稲田はいわば訓練である。

「貧に落ち切らねば、難儀なる者の味が分からん」と、教祖のお言葉。人の痛みは決して空想で推し量れるものではないだろうと思う。

光圀は、中国の『岳陽楼記《がくようろうのき》』の一節より「民衆の楽しみに後れて楽しむ」という意味で後楽園と名づけた。

言葉はいらない

言葉はその場だけのもの。言葉の理を拵《こしら》えてこそ、八方《はっぽう》である。人が知るであろう。

（明治三十七年十一月二日）

散髪をしてもらいながら、鏡にうつる床屋の主人に訊《き》いてみた。「あのポスターの発毛剤、ほんとに生えるの?」。ポスターには頭を真上から写した写真がいくつも並んでいる。「生える人は、生える」と主人がおもしろい話をしてくれた。そもそも、その発毛剤はアメリカの先住民が発明したものだという。彼らは馬が怪我《けが》をするとサボテンに似た植物で作った万能薬を傷口に塗って手当てをしていた。ところが、なんと治った痕《あと》にふさふさと毛が生えている。そこに化粧品会社が目をつけた、といってパンフレットをくれた。

そのパンフレットからナバホ族という先住民をはじめて知り、頭の写真よりもそちらに好奇心が動いた。少し調べてみると、彼らの壁画には「母なる大地は祖先から譲り受けたものではない、子孫から借り受けたものである」という詩のような言葉がある。様々に解釈ができそうだが、「譲る」と「借りる」の違いがあって、我欲が育ちにくい世界観を教えているようにも読める。驚くべきは、ナバホの言語には「宗教」という言葉がないらしい。それは、日常生活のすべてが宗教的な性格を帯びているからだという。

言葉がないといえば、言語学者の金田一秀穂《きんだいちひでほ》氏は、モンゴルとタイには「ありがとう」という言葉がないという。かの国では、親切にするのはごく当たり前のことであり、究極的な人と人との助け合いを考えるなら言葉だけで済ませることは出来ないし、むしろそこに言葉はいらないという。本当に感謝しているのなら、何らかの行動が伴うはずである、とも述べている。

以上、床屋のおかげで勉強になった。

潮時

句外《はず》れるから取り返《か》やしならんようになる。（明治二十八年十一月六日）

いつになく大雪の残る北海道で半月ほど巡教の日を過ごしたことがあった。夜ともなれば、ストーブのよくきいた窓の外は雪明かりが静かで、年配の会長さんと夜更けまで杯《さかずき》を交わして語り合った。

そのうちに、会長さんは、ある信者さんのことを話しはじめた。その方は起業家で、ちょうどバブル経済の盛んな頃に、ホテルの経営やら何やらでうまくゆき、多忙をきわめたという。しかし会長さんにしてみると、その若者になんとか教会の御用を「してもらいたくて、してもらいたくて」、思いあぐねた挙句《あげく》に「そろそろ潮《しお》時《どき》でないかい」と言いにくいことを言った。大きな事業から手を引くことをほのめかしたのである。そうすれば教会に来る余裕もできる。その言葉を聞いた若者はしばらく考えた末に、こっくりとうなずいて、事業から手を引く決意をした。おもしろいほど儲《もう》かる最中にである。

「どうして、そう決意したと思いますか」と会長さんはゆっくりと尋ねてくださるが、筆者は見当もつかずにいると、「彼のお父さんは、漁師だったんです」と言った。北の海で漁をすることの厳しさは分かっている。天の告げる潮時に逆らえば漁どころか命がない。亡骸《なきがら》さえ揚がらないこともある。彼は潮時という言葉を誰よりも知っていたのである。その直後にバブルが弾《はじ》けて地価や株価が急落し、まさに命拾いをしたのであった。

「ご守護だったのさ」とぽつり、いい顔色になった会長さんが呟《つぶや》く。煙突のついた大きなストーブの覗《のぞ》き窓からチロチロと絶え間なく燃えつづける炎が見えて、お道はいいなあ……という嬉《うれ》しさが五臓六腑《ごぞうろっぷ》にしみわたった。

変わらず、元気でおいでだろうか。

元を知らんから

世界を救《たす》け、分かりが有りて分かりが無い。人間始めた元々《もともと》理が分からん。

（明治二十年十二月十一日）

「教祖、御在世中の御話と云《い》えば、大抵この御話が多かった」と多くの先人が記している。この御話とは、元初《もとはじ》まりのお話である。それをお聞かせになる前、教祖はよく次のような前置きをされたという。

「今、世界の人間が、元をしらんから、互いに他人と云ってねたみ合ひ、うらみ合ひ、我さへよくばで、皆、勝手々々の心つかひ、甚《はなは》だしきものは、敵同士になって嫉《ねた》み合ってゐ《い》るのも、元を聞かしたことがないから、仕方ない。なれど、この儘《まま》にゐ《い》ては、親が子を殺し、子が親を殺し、いじらしくて見てゐ《い》られぬ。それで、どうしても元をきかせなければならん」

そのあと、元初まりの話を説かれて、最後には、

「かういう訳故《わけゆえ》、どんな者でも、仲善《よ》くせんければならんで」

と、仰せになったという。（『諸井國三郎伝《もろいくにさぶろう》』）

「どんな者でも、仲善くせんければならん」ということは、この道の教えを知らなくとも、誰もが道徳的に理解はする。しかし、肝心なことは、それが元初まりの真実に根差しているという重大な一点を知ってか知らずかにある。

したがって、教祖がお教えくださる〈互い扶《たす》け合い〉は、むしろ、親から見た、親の望む兄弟姉妹の間柄のことであって、兄弟姉妹が仲良く互いに扶け合うには、そこに、親の願いを叶《かな》えるという共通の喜びがなくてはならない。一般的な道徳とは、根のところで異なっているのである。

空港島

蒔《ま》いた種さえ、よう〳〵の事で生《は》えんのもある。蒔かぬ種が、生えそうな事があるか。（中略）だん〳〵に土台を入れて固めてある。なれど、あちらが弛《ゆる》み、こちらが弛みする。（明治二十四年二月八日）

もうずいぶん前になるが、関西空港の建設が始まったころ、私は頻繁に将来空港ができるであろう泉州《せんしゅう》の海原《うなばら》を車や電車の窓ごしにチラチラと眺めた。どこかの山がいくつも消えるほどの土砂が、運搬船によって遥《はる》か海原に運び続けられた。海中に撒《ま》かれた土砂は、海を濁《にご》らせ、深海の底に薄《うっ》すらと降り積もるのだろう。二階から目薬のようだと思っていた。いつ見ても、休むことなく運搬船が行き来を続け、それでも、海原は何事もなく光っていた。幾度も夏がきて冬がきて、そうして、いつしか、もうその風景にも慣れてしまい、何のために船が行き来をするのかも忘れてしまいそうになったころ、車窓からチラと見た遥か沖合に、小さな島があった。「ああッ」と思わず声が出た。海原に陸地が現れたのである。着工から七年の歳月をかけて完成した総面積約一千ヘクタールの空港島に、今や年間十八万回以上の離着陸が繰り返されている。

伏せ込みとは、かくあるものか、と思った。自分を支えてくれている先祖の徳というものは、かく成り立ったのだろう、とも思った。

おさしづには「だん〳〵に土台を入れて固めてある。なれど、あちらが弛み、こちらが弛みする」とある。刻々とどまることのない地盤沈下に対処し続けなければならないのも、空港島の宿命であるらしい。この点も、伏せ込みに似ている。「勤めても、まだ勤めても、勤めても、勤め足らんが勤めなりけり」。先人の言葉は紛《まぎ》れがなく、あたたかい。

恩を知る

救《たす》けて貰《もろ》ただけで恩は知らん。（中略）何《なん》ぞ道のため尽《つく》した事があるか。（中略）救けて貰た恩を知らんような者を、話の台にしてはならん。

（明治三十二年二月二日）

「恩」という思いが、世上からすっかり薄れてしまった。

世の中には、時代とともに失われても差しつかえのないものと、そうでないものとがある。恩は、ふつう人から授かる恵みを指すが、神恩というものがあることも忘れてはならない。いずれも、受けた恩に報いようともせずに、恩が重なるばかりでは運命が衰退してしまうことにもなる。恩知らずとは、まことに気の毒である。

恩と同じような表現だが、感謝という言葉は少し違う。筆者の印象では、感謝という気持ちは、その人が「ありがたい」と自覚をして心に抱くものであるのに対して、恩があるとか、恩を着るということは、必ずしも自覚を伴わないものである。だから、一つひとつ「何々のお蔭《かげ》」と人に教えてもらわなければ、また、教えてあげなければ受けた恩を自覚することが出来ないままになってしまう。

教祖が、道を説き、人を救けになり始められてから二十年もの間、誰一人として付き従う者はなかった。これらの人々は、救けていただいた恩を恩と思わない人たちであったと言えるかもしれない。その後、「甚《はなは》だしい難渋《なんじゅう》の中を通られるうちに、初めて、四合《ごう》の米を持ってお礼参りに来る人も出来た」と『稿本天理教教祖伝』には記される。お礼参りに来だした人々は、救けられた恩を恩と感じる人たちであったのかもしれない。やがて、その人たちが神恩に報いようと布教に歩き始める。あたかも、報恩の心の有る無しが、道の伸展の境目を示しているようにも取れる。

恩が分かるように、その人にとって何処《どこ》にどんな恩があるのかを、一つひとつ声に出して、気づかせてあげられればと思うのである。

サヨナラの意味

何《なん》ぼしようと思うても成らせん、又《また》、しようまいと思うても成りて来るが、これいいんねん。
（明治二十七年九月二十四日）

以前にこんなことがあった。ある朝、食事をしようと箸《はし》を持ったが、どうしたことかうまく使えない。手のひらがこわばって、いうことをきかないのである。深刻な身上ではないだろうかと気味が悪く、思いまわすが原因がわからず、その日の夕方になってやっと、もしや、と気がついた。三日前、年がいもなく学生たちとはりあってボウリングをしたのが、今ごろになって手のひらの筋を引きつらせたのである。笑い話だが、胸を撫《な》でおろした。

なんで私が、なんでこんなことに……と、誰しも、その原因を問いたいのであって、「なんで」という思いが不幸そのものになっていることが多いように思う。三日前の原因ですらこのありさまなのに、前生《ぜんしょう》や前々生の原因ともなれば容易ではあるまい。

アン・モロー・リンドバーグは、世界初の大西洋単独無着陸横断飛行に成功した夫のチャールズ・A・リンドバーグとともに、一九三一年、シベリアを経由して日本や中国まで飛行し、その時の思い出を『翼よ、北に』という旅行記にまとめた。日本語で「サヨナラ」と題された最終章で彼女は、

「……〈サヨナラ〉を文字どおりに訳すと、〈そうならなければならないなら〉という意味だという。これまでに耳にした別れの言葉のうちで、このようにうつくしい言葉をわたしは知らない……それは事実をあるがままに受けいれている。人生の理解のすべてがその四音のうちにこもっている……」

と記す。

彼女はこの旅行記の執筆中に一歳の長男を亡くしている。

定めてから治まる

定めるも定めんも定めてから治まる。治めてから定まるやない。
定めてから治まる。
（明治二十四年十一月三日）

まさか……

ご婦人の信者さんが、肝臓ガンの手術を受けてからまる五年がすぎて、まさかの再発を告げられたのは、ちょうど教祖百二十年祭の前年のこと。快気祝いを配った矢先で、五年も経《た》てばだいじょうぶだと、誰もが思っていた。

さっそく指定された精密検査の日は、奇《く》しくも私共の教会の大祭の翌日にあたる。婦人は、理の親のいわれるままに、電車を乗り継いで和歌山の教会に重い足を運んだ。

人をたすけて、我《わ》が身たすかる。五年前の手術のときもそう諭《さと》され、心を決めて入院中から同室の人などのおたすけも実行した。が、それきりになっていた。

祭典が終わった神殿で、理の親は、「この旬におたすけの心を定めよう。私がおたすけに行くときに添い願いをするだけでもいいから、いっしょに行こう」と優しく投げかけた。婦人はその場で「明日の検査の結果、たとえどんな宣告をされても、必ずおたすけにまわらせていただきます」との心を定め、おさづけの理を取り次いでいただいた。ともかくも、瀬戸際であった。

数日後、検査の結果を報告する婦人の声は、受話器の向こうでふるえていた。

「ガンが、ぜんぶ、消えていました」

まさか、である。聞いてはいたが、そんな話が実際にあるとは、なんと、旬の理とはおそろしいものと思い知らされたようで、言葉にならなかった。

ご守護をいただいたから心を定めるのではなく、心定めをお受け取りいただいてご守護をいただくのが神一条のこの道であると教えられる。

ご婦人は、十年経ったこの旬にも、生かされておいでになる。

ふうふの詩

夫婦というものは、神という理より頼りが無いという処《ところ》の理を定めにゃならん。

（明治三十三年十月二十六日）

夫婦というものはおもしろい。人生が好調なときよりも、どちらかといえば低迷しているようなときほど、しみわたるような絆が姿を現すように思うのである。

「友がみなわれよりえらく見ゆる日よ／花を買ひ来て／妻としたしむ」。天才詩人といわれた啄木《たくぼく》の波乱の人生は、その身が終わるまで浮かび上がることのない赤貧《せきひん》であった。彼が東京浅草で二十六年の生涯をとじると、妻節子は遺骨を思い出の函《はこ》館《だて》に移し、立待岬《たちまちみさき》に葬った。見えない絆がかすかに見える。

中島みゆきさんの『二雙《そう》の舟《ふね》』という歌詞に、「おまえとわたしは／たとえば二雙の舟……互いの姿は波に隔てられても／同じ歌を歌いながらゆく二雙の舟」と、大海をゆく小さな舟にたとえる。「敢《あ》えなくわたしが波に砕ける日には／どこかでおまえの舟がかすかにきしむだろう／それだけのことでわたしは海をゆけるよ……」寄り添っているわけではないけれども、互いの痛みは誰よりもわかる。

「心に響く三行ラブレター」というコンテストで入選した作品にいいのがある。札幌市に住む七十一歳の女性のラブレター、「今夜はしばれるねお父さん／湿布を沢《たく》山《さん》貼ってあげたけど、足は痛《や》むかい／つらかったら何時でも起こしてよ。したら、おやすみ」。

新聞の詩の投書にもこんなのがあった。六十二歳の男性、「ゆんべ／テレビを見ながら／妻の肩をもんだ／手に触れるのは／骨ばかり／おまえの肩もみすると／骨がさざって／怪我《けが》するなと／笑った／妻の背中で／僕は笑った／苦労をかけてる／僕が笑った／妻も一緒に笑った」。……同感々々。

ふと、この世を夫婦から始められたご苦心と、ご神意のぬくもりを思うのである。

Ⅱ

たった一つの心

たった一つの心

たった一つの心より、どんな理も日々《にちにち》出る。どんな理も受け取る中に、自由自在《じゆうじざい》という理を聞き分け。

（明治二十二年二月十四日）

昨年の秋、遠方に暮らす信仰熱心な婦人が、医者から「よくもって半年か」といわれた。間に合うかなと思いながら、やっとのことで、おたすけに行かせていただいた。痩《や》せておられた。私はおたすけをさせていただきながらも、「この方と、こうしてお話をするのは、これが最後かもしれない」と思っていた。

同じ頃、婦人の近くに住む高校生になる孫が、修学旅行には行かず、積み立てをしてきたその旅費をつかっておぢばへ行って、おさづけを戴《いただ》いて、おばあちゃんに取り次ぎたいと言いだした。

「いくら急いでも、おさづけを戴くのは夏休みになる。間に合わないかもしれない」と、私はまた思った。

それが、なんとか間に合って、夏休みにおさづけを戴き、毎日おばあちゃんのもとに通っておさづけを取り次いだ。おばあちゃんは今も、お元気とまではいかないが、普通に生活しておられる。むろん、明日のことは分からないにしても、医学的にはあり得ないという。

神様でも「気の毒やけれども、救《たす》からん」（『稿本天理教教祖伝逸話篇』一六「子供が親のために」）と仰せられることがある。厳格な天理の摂理では、それはそれなりに訳があるのである。それは、分かっている。しかし、それでも「そこを、何とか」「救からんと仰せいただくが、そこを何とか、お願いいたします」とあきらめず、食い下がるような真実を高校生に教えられた。

「たった一つの心」の持ちようである。

もっと沢山

土持々《つちもち》と言うたる。日々《にちにち》どんな中にも厭《いと》わず、国に一つの事情の中も厭わず、心楽《こころたの》しんで来る。一荷《いっか》の土どういう事に成るとも、何《なん》ぼのこうのうに成るとも分からん。

（明治四十年三月十三日）

たしか、おやさとやかた乾隅棟《いぬいすみとう》の起工式の折だった。総出の土持ちひのきしんがつとめられて、私はモッコにスコップで土を入れる役目をさせていただいた。私の前にもモッコとモッコ棒を持った長い列ができた。

夢中で次々と土を入れていくと、「お願い致します」と車椅子のご婦人に順番が来た。息子だろうか、孫だろうか、青年が車椅子を押している。婦人は淡《あわ》いきれいな和服の膝《ひざ》の上にハンカチを広げて「ここに下さい」といった。ハンカチもきれいだった。私は躊躇《ちゅうちょ》しながらも握りこぶしほどの土をスコップの先でハンカチのまん中に置いた。「もっと沢山《たくさん》、下さい」。遠慮がちに土を入れると、満面の笑顔で「もっと、もっと」と、言われるままに入れた土は、膝の上いっぱいの山になってハンカチはすっかり見えなくなっていた。湿った土で膝の上は泥んこである。

婦人が「ありがとうございます」といい、青年が車椅子の向きをくるりと返す瞬間、婦人が膝の上の土の山に覆いかぶさるように土を抱きしめたのが見えた。一粒もこぼすまいとするかのように。おそらく、帯も着物も泥んこになったろう。

事情はまったくわからないが、土を抱きしめたまま遠ざかる車椅子に無性に涙が出た。この姿を忘れない、と胸にしるした。

ちばなればこそ

何でもぢば、という理が集まりて道という。（明治二十八年三月十日）

去る、教祖ご誕生祭を一週間後にひかえた深夜の事。完成したビルに送電を行う工事中、何かの間違いで高圧電流が流れてしまい、工事をしていたAさんが、感電して吹き飛ばされた。電気の通り抜けた指先は黒く焦げて心肺は停止していた。病院に搬送されかろうじて蘇生《そせい》はしたが、脳にとっては心肺停止の時間が長すぎた。電流が通った肺も焦げて、意識が戻ることはないと医師は断言した。

そんなAさんの父親が病院に近い私共の教会に飛び込んできた。応対をした家内が遠く九州にある所属教会に事の由《よし》を伝えておさづけを取り次がせていただくと、父親は目の前に横たわる微動だにしない息子と一緒に修養科に入る心を定めた。

植物状態になって一週間近くが過ぎ、何も手につかない両親に、ぜひとも、教祖のご誕生祭に帰らせていただこうと誘うと、心身ともに限界にきていた母親は集中治療室に残して、父親だけがおぢばがえりを決意した。決意したその夜、動くはずのないAさんの指先がピクッと動いたのを母親は見逃さなかった。さらに、父親がご誕生祭に参拝させていただいた夜には、まぶたがピクッと動いた。それを合図にその後、見る見るAさんの意識は回復して、日ならずして、父と息子は疎遠になっていた所属の教会から修養科に入った。詰所では、死んだ人間が生き返ったと皆が勇み、大事にされたという。

ふるさとを離れ、所属する教会からも遠く暮らす者にとっては、おぢばこそがいつでも帰って行ける場所であり、またをやなればこそ、ぢばにすがり帰り来る子供たちの胸のうちを誰よりもご存じなのである。

白扇と短刀

これから、何《なん》でも楽しみという心定めてみよ。

（明治三十二年九月六日）

ここには新品は一つもありません。すべての道具には人の垢《あか》がついているのです。私たちはその垢を付けた人々が、どのような社会の中で、どのような思いをもってその道具を使っていたかを理解したいのです。という意味のことを、天理参考館を案内してくださった当時副館長の近江昌司《おおみしょうじ》先生から伺ったことがある。物を通して人の心を汲《く》み取るということは、先のほうで風俗習慣の異なるお互いの心を理解することにつながっているという。

物が人を語るのである。

もうずいぶん前になるが、遠くに暮らす母方の祖母が九十にちかくなって出直した。駆けつけた枕辺《まくらべ》には、古びた白扇《はくせん》が一本と果物ナイフくらいの白鞘《しらさや》の短刀が一本、きちんとならべて添えられてあった。

聞けば、その昔、教会の後継者であった祖父と祖母は婚姻届を役場に出した二日後、手をたずさえて単独布教に出たという。途中、参拝に立ち寄ったおぢばでのこと。祖父は短刀の鞘をはらうと妻の小指の先に刃をあて、次いで自分の小指の先にあて、白扇に「道貫、大正四年九月二十三日」と二人で血書した。かんろだいに最後のお願いをして、片道の旅費とその白扇一本を懐に旅立った。生きの涯り《かぎ》「道を貫く」。夫二十九歳、妻二十歳の覚悟であった。祖父亡き後も、生涯祖母はその白扇と短刀を身近にしまい大事にしたという。

ならべて置かれた白扇と短刀が、黙って勇気をくれた。

約束の場所で

こんな道は無い程《ほど》に。人間と〳〵の約束やない。

（明治三十二年十月三日）

伊藤整《いとうせい》の詩に、「……老婆は軟《やわらか》い畑に畝《うね》をつくり／黒土の穴に／真白い豆を一つ一つ並べてゐ《い》る。／その豆の間違いなく萌《も》え出るのを知るもののやうに／ていねいに／いつくしみつゝ土をかける。／この老いたる女と白き豆とに約束あり……」というのがある。春の畑に老婆が一人、黒い土に豆を蒔《ま》く。その豆が必ず芽生えるということを知っているかのように。「この老いたる女と白き豆とに約束あり」。約束という言葉が、いのちという言葉と同じくらいに重く感じられたのは、すこし歳《とし》をかさねて、この詩篇に出合うころだったと思う。

この世は、親神様の約束に満ちている。

教祖誕生祭が近づく。この日は、季節がら花嵐になることが多い。列車を乗り継ぎ、バスに乗り合わせ、夜を走り、海を渡り、重いトランクを引いて空港に降り立つ。教祖の御誕生をお慶《よろこ》び申し上げたい一心で、その日を目指して風の親里に帰り集うのである。

毎年、祭典終了後の中庭で『よろこびの大合唱』が催される。「教祖おめでとうございます」と何度も心につぶやきながら合唱に加わると、御苦労の場面が浮かんで、どうしても声がつまる。その場面は、他でもない、この場所、このお屋敷での出来事なのである。あの日、訪ねて来る者もなく、米もなく、灯《とも》す油もなく、御子達とどん底を歩まれた、このお屋敷に、「教祖、ご覧ください」、教祖がお約束くださった通り、こんなに大勢の教え子たちが帰り集い、お祝いの歌をうたっておりま す……と心で申し上げると、涙が溢《あふ》れてきて風に散る。あの嬉《うれ》しい日がやって来る。

ともし火

月々の席、もう一箇月《かげつ》済んだと思えど、心に理が治まらねば何《なん》にもならん。（中略）日々諭《さと》し合い、尋ね合い。心の理、心の席という。さあ心次第でさづけという。

（明治二十二年十一月二十五日）

三月は春休みなので、おぢばや教会の育成行事が多い。

その一つに学生生徒修養会・大学の部がある。一週間の修養会には、にをいがけの日があって、大阪や奈良方面に出向くのだが、知らない街で、わずかな時間に学生たちがおさづけの取り次ぎをするその件数の多さに毎年驚かされる。

おぢばの学生会行事の特徴といえるかどうか、身上になった仲間に同僚やスタッフがおさづけを取り次ぐ際に皆で添い願いをする場面が多い。そうしたなかに「私も、おさづけを取り次がせていただきたい」という思いが芽生え、やがておさづけを戴《いただ》きたいという思いをもって別席に臨む者が少なくないのである。

集団心理というようなものもあるだろうが、一つの示唆《しさ》を与える傾向である。

案外、お道の子供たちはおさづけの取り次ぎに立ち会うことなく育っているのではないだろうか。にをいがけ・おたすけに就学前の子供を連れてゆくこともあるだろうが、おさづけといえば、多くは自分が親から取り次いでもらった記憶ぐらいで、それゆえか筆者なども、おさづけを取り次がせていただくときの発声や節まわしに、親の癖《くせ》がうつっていることに気づくことがある。

幾度もおさづけの取り次ぎに立ち会ううちに、心に灯《とも》る小さなともし火のようなものを学生会の行事から連想するのである。

小さなともし火の受け渡しである。

米朝さん

修行、大切に扱《あつこ》うては修行にならん。そら水汲《みずく》みや、掃除や、門《かど》掃《は》きやと、万事心を磨くのが修行。

（明治二十三年三月十七日）

落語家の桂米朝《かつらべいちょう》さんがまだお元気だったころ、取材でお話を伺ったことがある。中学時代、深夜ラジオの上方寄席《かみがたよせ》を愛した筆者は、高校に入るころには机の引き出しが落語を録音したカセットテープで一杯になり、二つ三つ簡単な噺《はなし》を空で言えた。なかでも米朝さんの端正な語り口には惚《ほ》れ惚《ぼ》れと聞き入ったものである。その米朝さんにお会いするというので緊張した。ところが、師匠の第一声は、「えらい、こんなボケかかった爺《じい》さんに声をかけてもらいまして」と静かに頭を下げられて唖《あ》然《ぜん》としてしまった。芸人の洒落《しゃれ》もあるだろうが、心に染み入るような態度の低さである。芸も功績もさることながら、お人柄も人間国宝たる所以《ゆえん》なのだろうと嬉《うれ》しかった。

心に残ったのは、内弟子《うちでし》制度、すなわち住み込みの弟子を抱えているのは、東西の落語界でも米朝一門だけになったという話である。いわく「とにかく明け暮れするということですかな。意識するせんにかかわらず、その世界におるわけですから、特におそわらなくてもいつの間にやら知ってしもてたり、体に染み込んでいくんでしょうな」と、住み込みにしか味わうことの出来ない〈明け暮れ〉ということを大事に考えておられた。このあたりは、私たち信仰者の修行にも匂《にお》いがおよぶところである。

米朝さんを待つあいだ、長年付き人をつとめる年配のマネージャー氏と打ち合わせをしていると、氏は「たまには、奥様も取り上げてほしいですね……」とぽつり。一つ屋根の下に内弟子を抱える、言うに言えない内助《ないじょ》の功《こう》をほのめかした。

フシンセツ

互いく親切持って、救《たす》けにゃならん救からにゃならん、

（明治三十三年十月十八日）

恥ずかしながら、以下は実話である。

まだ子供が小さかった頃のこと。留守に人が来て、「お母さんいますか？」と尋ねられ、子供は「鬼、追いかけに行った」と答えたという。「鬼を？　追いかけに？」何のことやら分からずじまい。あとで、その話を聞いて、「それは、オニオイガケのことや」と判明したときには、皆で腹がよじれるほど笑った。やがて、その子が小学生になったころ、「友達のおばちゃん、おぢばに行って、週四日のひのきしんが大変っていってた」という。「週四日？」、はて、何度も聴きなおすが、そ

んな行事は思い当たらない。しばらくして、「もしかして、それは、シュウヨウカのことじゃないの」と、これまた涙をうかべて笑い転げた。子が子なら、親も親でおめでたい。

同じようなことが、もう一度あった。けれども、それは笑えなかった。少年会でおつとめの稽古《けいこ》をしたあと、子供が三下り目の十の「じつのかみにはさうゐない」というお歌をさして「そういないって、めったに居ないってことだよね、みんなそういってる」と、おおまじめにいった。これには愕然《がくぜん》とした。「相違ない」という言葉が分からないのは無理もない。無理もないことが分かっていながら、私たちは平気で説明を怠《おこた》っているのである。子供にしてみれば、よく耳にするオニオイガケもシュウヨウカもソウイナイも意味が分からなければ外国語のように聞こえていてもしょうがない。

信仰を伝えるには、とりわけ縦の伝道には、折にふれて親切な説明が大事なのである。フシンセツがいけないのである。

無いときこそ有るとき

皆成程《なるほど》の理が分かれども、日々の理が分からねば、どうもならん〳〵。

（明治二十二年四月十七日）

花粉症の季節もようやく峠《とうげ》を越したようだが、先日、ある六十代の男性が、いよいよ私も花粉症になったらしいと辛《つら》そうに鼻をひっきりなしにかみながら、それでもいそいそと御用に励んでおられた。そんなある夜、原因不明の鼻血が洗面器で受けるほど大量に出て止まらなくなった。家族はあわて何か重大な身上に違いないとうろたえたが、おさづけを取り次いでいただき、しばらくして鼻血は止まった。

検査の結果、医師の「あなたは運のいい人です。もし、鼻血が出ていなければ、急激に高くなった血圧に、まちがいなく頭の中で出血していたでしょう。脳出血です。それが鼻血になったのは、おそらく花粉症の鼻をかみすぎて鼻の粘膜が薄くなってしまっていたからでしょう」との意外な診断に胸をなでおろした。まるで親神様が大難を小難に導かれるご守護の不思議さを説明してくだされたようで、お守りいただいていることが身にしみたという。周囲からすれば望まぬ身上に過ぎなくとも、本人にとっては、しみじみとお慈悲を噛《か》みしめずにはいられない出来事であった。

何事も無く平穏《へいおん》無事なときこそ、親神様の十全のご守護を一つとして欠けることなく戴《いただ》いているときであって、何事も無いときこそ、すべて有るときなのである。教えの素晴らしさが分かったといっても、日々いただいているご守護に気づかなければ、本当に分かったとはいえないと、おさしづは戒められる。

バラと桜

一時《じ》ならん事情はいんねん遁《のが》れようと思うても遁れられん。洗い替え立て替え、又々の理を以《もっ》て生《うま》れ出る。

（明治二十三年五月二十六日）

桜の季節は少し過ぎたが、以前に新聞の詩の投稿欄にこんなのが載っていた。「ばら科の桜は百万年かかって、とげのない今の桜になったという、私達、人にとげをなくする、その時間があるだろうか、今年も堤の桜が春風に揺れている」（58歳女性）。桜はバラ科だったのか、とたしかめてみると、とげの話もおおかた本当らしい。

ややもすると、人は幾度となく人の心を傷つけ、傷つけられても、また、繰り返す。とげがあるのだろう。

とげの話は、人が生まれ替わりを繰り返すうちに、天理に適《かな》わぬ心の道が魂に刻まれた「いんねん」の教えに似ている。

いんねんは人も自分も傷つけてしまう。

おさしづでは「いんねんによって引き起こされる不都合は遁れられないものであるから、心を洗い替え、立て替えて、いささかなりともいんねんを除くことができれば、今世とは異なる運命をもって来世に生まれ替わる」と長い時間の要することをほのめかされる。

桜がとげをなくしていった気の遠くなるような歳月はしみじみと胸を打つが、それ以前に、おそらく、バラそのものが我《わ》が身を守るためにとげを手に入れた百万年もの歴史があっただろうことを忘れてはならないと思うのである。

桜かバラか、私の歩みはどっちだろう。

縁切寺

夫婦の中切れたという。夫婦の縁は無くとも互い〳〵兄弟という縁は結んでくれ。
（明治二十八年五月二十二日）

北鎌倉の東慶寺《とうけいじ》に立ち寄ったのは、まだ紫陽花《あじさい》のころだった。半夏生《はんげしょう》も見ごろで、ちょうどその時期だけ葉が白いペンキを塗ったように真っ白だったが、やがて夏の盛りにはふつうの緑色にもどる。それで半化粧とも書く。

東慶寺は文化人の墓が多いことでも有名で、森の斜面の墓地には西田幾多郎《にしだきたろう》のほかに、岩波茂雄《いわなみしげお》、和辻哲郎《わつじてつろう》、小林秀雄《こばやしひでお》らが眠っていて、近世を通じて「縁切寺」「駆け込み寺」として知られる。もとは尼寺であった。

江戸時代、離婚請求権は夫の側にしか認められていなかったが、夫と縁を切りたい女性は、この寺で三年の間修行をすれば離婚が認められる「縁切寺法」という制度があった。幕府公認の縁切寺として、江戸から多くの女性が東慶寺を目指したという。ただし、女性が駆け込んできてもすぐには寺に入れず、まずは夫婦両者の言い分を聞いて、夫が離縁状、いわゆる「三下り半《みくだりはん》」を書くことに同意すれば離婚が成立した。しかし、実際には離婚に至らず、調停の結果、復縁するケースも多かったという。この制度は、女性からの離婚請求権が認められる明治六年まで続いたという。

近年、こどもおぢばがえりに親が離婚したという子供の参加が目立つようになった。昨年も、親里をあちこち引率するあいだ、筆者の手を片時も離そうとしない子がいた。時流にかなった大人のどんな言い分よりも、小さな手にぎゅっと込められた言葉にできない力だけは真実だったと思う。

夫婦の仲もそうあってほしいが、化け物のように白く妖変した半夏生の葉も、時を待てばもとの青葉にもどるのである。

ごはん一粒

良き日ばかりなら良いなれど、そう〳〵は行こうまい。よう聞き分け。慎みの心が元である。
（明治二十八年五月十九日）

洗髪料《せんぱつりょう》という言葉が懐かしい時代になった。以前はどこの銭湯でも入浴料金とは別に、髪を洗う人は自己申告で洗髪料を番台に払った。だいたい十円のところが多かったと覚えている。いい文化だったと思う。それを払ったからといって、あからさまにお湯の無駄遣《むだづか》いをしたわけではなく、一人ひとりが小さな石鹸《せっけん》箱の中に節度というものを携えていた。今でも、地域によっては洗髪料の残っている銭湯もあると聞いてしんみり懐かしい情景を思い出したが、お湯を使う心は残っているだろうか。

先頃、日本でのホームステイ先がたまたま信者宅であったという理由で、オーストラリア人の女子学生がおぢばがえりをした。おまけに日本の学生たちに混じって数日間、詰所でひのきしんまでした。学生たちは身振り手振りを交えて親切に日本のことやお道のことを伝えようとしていたし、彼女も精一杯にうなずいて、それに応えようとしていた。

ある朝、学生たちが食事をおえて席を立とうとすると、彼女だけがまだ終わっていない。雑談がはじまり、どうしたの、といら立つ学生もいる。私が隣から覗《のぞ》くと、彼女は慣れない箸《はし》でお茶碗《ちゃわん》の中を一生懸命につついている。一粒のごはん粒がぺしゃんこになって底にへばりついて、それがどうしても取れなかったのである。彼女は訴えるような蒼《あお》い目で、「日本は、これを残しません」と言った。雑談がやんだ。そもそも彼女は「一粒の米も粗末にすると目がつぶれる」という文化の薫《かお》りに憧《あこが》れて日本に来ていたということを、あとで知った。恥ずかしい思いをしたのはこちらの方だった。

やなせさんのこと

小さいようで大きなもの、大きなものの小さきものの理があるから大きものや。

（明治二十三年六月二十三日）

いただきものの三越の包装紙に目がとまる。漫画家のやなせたかしさんがデザインした mitsukoshi というレタリングが昭和二十五年からずっとかわらずにいる。やなせさんが、アンパンマンのヒットによって漫画家としての成功を見たのは、たいていの漫画家が引退を考える還暦をすぎてからであった。

当時のこと、ある若い漫画家がやなせさんに「どうすれば、売れる漫画が描けるのでしょうか」とたずねた。やなせさんが「君は、毎日、漫画を描いていますか」と聞き返すと、彼は「依頼もなく、アルバイトが忙しいので、今は描いていません」と答えた。それに対してやなせさんは、「僕は売れなくても、毎日、描いていました」と、何十年もの歳月を一言にした。以前に取材でお会いしたときの話である。

ひもじい者に自分の顔を食べさせるアンパンマンは、「人助けには、痛みが伴うもの」という作家自身の信念の現れにすぎないという。

今なお、その人気は衰えず、つい最近も教会に来ていた二歳の女の子が「アンパンマン」と聞いただけで泣きやんだのにはさすがに驚いた。にわかに信じがたいが、関連グッズの売り上げは一兆一千億円を越えて他のアニメの追随をゆるさないという。

そんなやなせさんのスタジオは、自宅と同じマンションにあった。広々とした仕事場は明るく華やかで何人かのスタッフが机に向かっていたが、マンション自体はひどく老朽化していた。一兆円の売れっ子にしては……と、正直にたずねると、「漫画家はこれ以上いい所に住んではだめです」とやわらかな笑顔をされた。売れないときも描き続けたやなせさんは、売れても生き方を変えることはなかった。

根のある花

俄《にわ》かに咲く花は、切って来て床へ挿《さ》してあるも同じ事。これはのじの無いものである。さあ〱これ根のある花は遅《おそ》なる。なれども年々咲く。又《また》枝に枝が栄える。根も踏ん張る。

（明治二十四年十一月一日）

天然自然では、目には見えないものが、見える世界とどこかでつながっていて、これを支配している。

「根」という発想である。

先のおさしづを戴《いただ》いた※山田伊八郎《やまだいはちろう》は、切り花、生け花などを好まなかったかわりに、盆栽や庭木を慈しみ造詣《ぞうけい》が深かった。あくまで根というものを尊《とうと》び、大切と考えていたからである。
「根のある花」とのおさしづの「根」は、伊八郎が「人からお礼をいうてもらうような尽《つく》し方ではいかん。……物種《ものだね》でも、目に付くような蒔《ま》き方であったら水に流れるやら、鳥が喰《く》うやら腐るやら、土の中へ蒔いた種は皆はえる」と、あたかも、草木の根のように見えていない所で、たんのうに徹し、ぢば一条に尽くしてきたことを指していると思われる。

根の方へ力を尽せ。
（明治二十年十一月十六日）

庭木の丹精にも信仰が現れていたことを、当時の伊八郎の側近は、「根に依《よ》って生き、根によって生かされている事を、常に無言の中に人々に教えながら、また丹精して育てつつ、それを見せて人々を楽しませ、喜ばせることの大切さを教えていた」と、語っている。（『山田伊八郎文書』敷島《しきしま》大教会編）

大切なことは、目には見えないことが多いのである。

人間に恐れは生けた花という。
（明治三十二年十月二日）

※……心勇講（敷島大教会の前身）初代講元・敷島大教会二代会長。

おそわる

三才児《みつご》、生《うま》れ三才《さい》の心に成って、明日《あす》は楽しみ。（明治二十年三月）

こんな日を苗代寒《なわしろざむ》とおそわりし

知人の老婦人が詠んだ句で、子供のころのことを思い出したような、おそわりし、というところがなんとも可愛《かわい》らしい。

ぴんと伸び揃《そろ》った早苗《さなえ》が田植えを待つころになると、もう初夏の陽気が混じる。ところが油断をすると、真冬に逆戻りしたのかと思う日があるから風邪などひかぬように。苗代寒という言葉は、そんな寒い日におそわったのだろう。

ものを知っている人が惜しまず親切に教えてくれる時の嬉《うれ》しさというものは、なんともいえない温かさを感じる。おそわるという語感には、ちょっとしたコツというか、実体験にもとづいた知恵のようなものがある。時には、そんな説明のつかない教えを素直に聞くことも大事だと思うのである。

となり町に小さな水族館があって、地元のごく近海にいる魚介をあつめたものだが、それでも、けっこう変わったサメやエイの仲間が悠々《ゆうゆう》と泳いでいて飽きない。たまたま漁師の網に珍しい魚やカニや貝などがかかると、生け捕りのままその水槽に展示され、新聞の地方欄に写真入りで載る。子供が小さかったころは、よく出かけて行って、運がよければ学芸員の説明が聴けて、その未知の生物のことをおそわるのが嬉しかった。神秘の世界をかいま見るようだった。できれば、天然自然のこの道の教えも、三才児《みつご》のような心でおそわるのがいいように思う。

そういえば、子供のころから海辺が遊び場だった筆者に、父は「二八《にっぱち》は海へ(舟で)出るな」とよく言った。旧暦の二月と八月、すなわち、今の三月と九月頃の海はにわかに突風が吹いてシケになることが多い。死んだらおしまいや。これも、おそわったことである。

水の味

心に結構という理を受け取るのや。結構は天のあたゑやで。
（明治三十五年七月二十日）

冒険家の植村《うえむら》直己《なおみ》さんが厳冬のアラスカ・マッキンリー山の頂上を極め、下山途中に消息を絶ってからもうずいぶんになるが、「物資に恵まれている中では人間本来のものは失われている」という植村さんの言葉は死んではいないように思う。

　カメラマン池間《いけま》哲郎《てつろう》さんの著書に、フィリピンの広大なゴミ捨て場に群がる子供たちを取材したものがある。吐き気をもよおす悪臭の中、子供たちの手や足は真っ黒に汚れ、皮がめくれて血だらけになりながらも、一心にただ同然で売買される資源ゴミを拾って暮らしていた。その中の一人、十歳ぐらいの少女に、「あなたの夢はなんですか」と聞くと、少女はニコニコしながら、「私の夢は大人になるまで生きることです」と答えた。氏は子供たちが皆、笑顔だったからよけいにこたえた、と記している。

かたや、物資に恵まれながら、気に入らないことがあるとすぐに不機嫌になり、キレやすい子供がわが国では増えているという。同じ土俵の上の話ではないが、貧困の中の明るい笑顔が真実だとすれば、残念ながら、恵まれすぎて不機嫌な子供たちの不幸のほうが深刻なのかもしれない。

教祖は、食事にこと欠くなか、わが子に「水を飲めば水の味がする。親神様が結構にお与え下されてある」（『稿本天理教教祖伝』）と、どんな境遇にあっても、結構に健康をお与えくだされてある、その「与え」に心を向けることを教えられている。

海老の値段

恩を恩という心あればこそ、今日の日。

（明治三十一年五月九日）

沖永良部島《おきのえらぶじま》といえば、鹿児島から約五三〇キロ南にあって、あと六〇キロで沖縄本島にとどく。小さなプロペラ機にゆられて島を訪れたのは春先だったが、すでに日ざしは強く、サンゴ礁の海岸の続く南洋の情趣と花のような香りの黒糖酒が迎えてくれた。

島の教会の若い会長さんは、海に潜って伊勢海老《いせえび》を捕るのが得意。地元の漁師も敵《かな》わぬほどの腕前で、たくさん捕っては皆にふるまっておられた。「これは、儲《もう》かりますねえ」と、凡俗《ぼんぞく》に海老をほおばる私に、彼は「唯《ただ》の一匹も、海老は、売ったことないんですよ」と呟《つぶや》く。聞けば、今は亡きおばあちゃんに、海老を売ってはならないと言われたからだという。それをずっと守ってきたのである。

ただ、一度だけ家計が苦しくて、おばあちゃんに海老を売りたいと頼んだことがあったらしい。その時おばあちゃんは「売りたければ、売ってもいいが、親神様に海老代を払え」と迫られた。背に腹はかえられず、いくら払えばいいかと訊《たず》ねると、おばあちゃんは「海老の売り上げの二倍」と言い切ったという。以来、彼はどんなに困っても海老を売らずにきた。

「海老はおまえが創《つく》ったのか。親神様のお創りになったものは、ただではない、恩を知れ」

フリージアやテッポウユリの甘い匂《にお》いのする農場、ガジュマルの巨木、深い蒼《あお》の空と海、時間がゆっくりと流れる。「ご恩報じとは、そういうもの」と、お会いしたこともないおばあちゃんの声が聞こえたような気がした。

素直

学者でも分からんで。一寸《ちょっと》に分からん。どうしたらよい、こうしたらよいと、人間の心で出来る事は一つもあらせんで。人間の心で出けた事は一つも無いで。

（明治二十年八月二十五日）

神様がもし、貴方《あなた》に窓ぎわまで歩くことをお望みであれば、神様は「暑い」と仰《おっしゃ》るかもしれない。貴方はその言葉に心を働かせて、閉め切った窓を開けようと歩きだす。結果として、それが貴方の救《たす》かりにつながることがある。

ときとして、宗教的な言語とはそういうものであると、学生のときに聞いた例え話を思い出す。むろん一般論ではあるが、胸に手をあてて、旬々の声には素直でありたいと思うのである。

明治十一年、山中忠七《やまなかちゅうしち》の娘こいそが教祖の許《もと》でお仕えをはじめて間もない頃のこと。教祖のお居間には、青い釉薬《うわぐすり》のかかった大きな土瓶《どびん》が置かれてあった。教祖は常々、「この土瓶の水は、すっかりなくなってから汲《く》みかえるのやで」と仰《おお》せられていた。ある日の夕方、こいそは、土瓶の水が大方なくなっているので、井戸端へさげてゆき、水を入れてお居間へ上がろうとして、片足を雨縁《あまえん》にかけると、その途端、ひび一つはいっていなかったその土瓶が、どこへ当たったという事もないのに、突如《とつじょ》底が抜けて、水があたり一面を濡らしてしまった。こいそが非常に恐縮して、教祖にそそうをお詫《わ》びすると、「神の云《い》うこと叛《そむ》いたら、何よの事もその通りやで」とお諭《さと》しくだされたという。(『山田こいそ伝』敷島大教会編)

水がすこし残っていたことと、土瓶が壊れたこととの関わりは常識では考え難《にく》い。だが、常識では考え難いことを信じて行うことで、常識では考え難いご守護をお見せいただくこともある。「神の云うこと」の不思議さである。

心配せい

心配せい〳〵。心配は楽しみの種、一粒万倍《いちりゆうまんばい》

（明治三十八年十二月四日）

救急車のサイレンを聞くと窓を開けて方角を確かめて駆け出していくという婦人がいた。おたすけに飛びこんでいくのである。

彼女は、この道の信者であった夫と結婚したのが入信で、やがて布教所を戴《いただ》くと、おたすけに明け暮れ、九年かけて教会を設立し、八十六歳で出直されるまでに身上者の付き添いなどを合わせて六回も修養科に入った。晩年は入退院を繰り返したが、その度《たび》に病室を一つひとつおたすけに回った。夫の亡きあとは教会を息子さんに譲って、さらに教会を設立しようとアパートの一室に布教所を開設し、布教所長と

して生涯をとじた。苦労も多かったに違いないが、道を楽しんでいるかのようでもあった。

朝、目が覚めると、「あの人、今日は足痛んでないやろうか、どんな具合やろうか、あの人、あれから会社で人間関係うまくいってるやろうか……夕べは眠れたろうか……」と母親のように人様の心配ばかりしていた。

心配は一粒万倍ともなる楽しみの種であるとお諭《さと》しくださるが、おさしづの中でこのような事例はめずらしく、たいてい「心配は要《い》らん」という使い方がなされている。やはり、わが身の心配は要らないということだろうか。

明治三十八年十二月四日といえば、教祖二十年祭の直前であり、年祭をより良く勤めさせていただこうと親身になって心を配る中に戴いたと思われるお言葉である。「おたすけは周囲に心を配ることから始まる」と、御諭達《ゆたつ》にもお示しくださる今日、心配は、心を配るとも読める。

教祖のお背中を

ひながたの道を通らねばひながた要《い》らん。ひながたなおせばどうもなろうまい。

（明治二十二年十一月七日）

息子がいうのもなんだが、父は達筆であった。

残念ながら、その血を引くことのなかった筆者は、ミミズが這《は》ったような文字を出来るだけ父の目に触れぬように気づかった。亡くなって二十年近くになるが、教会のあちこちに額装された父の筆跡はあっても、いまだに、筆者の書はどこにもない。

子供の頃から習字がうまかった父は、よくこんな例え話をした。

旧制の中学にあがると厳格な書道の授業があり、父は自信満々の作品を先生に見てもらった。すると先生は、たったひとこと、「君は、お手本を見ていない」といったという。「あのときばかりは、頭を金づちで殴られたような思いがした。まいった、まいった」と、それだけの話である。それから、ちょっと困ったような顔をして「ひながたは、お手本という意味や。自分がええと思っておっても、お手本を見てなかったら、あかん」とつけくわえる。

先人の諭《さと》しに、「教祖様《おやさま》は三十里も四十里も向《むこ》ふへ行つて御座《ござ》るは、影も姿も見えんといふのでは、足跡を踏まして貰《もら》ふ事が出来ない、教祖様のすがたの見える位《くらい》のところ迄《ま》で行かねばならん、……教祖様が西へ行つて御座るのに、東向いて歩いて居《お》つては、足跡を踏まして貰ふ事が出来ない」（『みちのとも』「宮森先生〈宮森与三郎〉のお話」立教八十年七月号）とある。

おそれながら、氏は二度、警察署へ教祖のお伴《とも》をされている。

日ごろ、つい足もとのぬかるみに気を病んでばかりいるが、少し目線を上げて、勿体《もったい》なくも、はるか先方を歩まれる教祖のお背中を、せめて見失わぬように歩ませていただきたいと思うのである。

天理教はすごい

たすけ一条の理はたゞ誠一つの理である。（明治二十一年十月十四日）

先の教祖御年祭を目前にして、ある女性が出直した。

彼女をなんとしても救《たす》けようと、若いころの友人であったこの道の婦人が、救けの旬にふさわしく一心におたすけに通いつめた結果であった。絶望的な病状であったにもかかわらず、電車で一時間余りの町にとにかく通いつめた。朝まで付き添うこともしばしばで、彼女が危篤《きとく》になった夜も婦人は病室に泊まっていた。

葬儀をつとめたある著名な僧侶も出直した彼女の友人の一人で、この数カ月に幾度か病室を訪れていたのである。読経《どきょう》を終えた僧侶は法話の中で思わぬことを語り始めた。「……彼女が死に直面していたときに、魂を救うようにずっと寄り添っていた人がいた。身内でも出来なかったことを……これはすごいことです。……天理教はすごい」と。婦人は彼女以外には自身がお道であることを明かしてはいなかった。彼女や彼女の友人の宗旨が複雑であったことへの配慮からであって、誰も知らないはずであった。ところが、病室に出入りする人々に婦人が天理教の布教師であることを明かしていたのは、彼女本人であったことが、あとで知れた。最期におさづけを懇願したのも本人であった。

肩を落とした婦人は、それでも、自身の身上をおして、今度は出直した女性の身内のもとへ教えを伝えようと通いはじめた。天理教は、すごい。

Ⅲ ぢばへ

ある少年の夏休み

多くの中不思議やなあ、不思議やなあと言うは、何処《どこ》から見ても不思議が神である。

（明治三十七年四月三日）

和歌山市在住の小学一年のその少年は、今回、初めてこどもおぢばがえりに参加することになっていた。ところが、出発の前日から下痢をともなう腹痛と微熱が治まらない。そんな状態なのに本人はどうしても行くのだと諦《あきら》めない。じつは、手まわし良く、夏休みの宿題の絵日記に、まだ行ってもいないこどもおぢばがえりのことを描いてしまったのである。行かなければウソになる。どうして行ったこともないおぢばがえりの絵が描けたのかというと、勧誘にもらった『リトルマガジン』のおぢばがえり特集の写真を何度も見ては夢見ていたからである。

そこまでいうのなら、と父親が大急ぎで団参の集合する駅まで車をとばしたが、列車には間に合わなかった。少年が頻繁にトイレにいくので家を出遅れた。両親はまったくの未信者であったが、この事態に何を思ったのか、その日、たまたま他のレジャーのために休暇をとっていた父親が、母親と幼児、つまり家族みんなを車に乗せて少年をおぢばに送り届けるということになった。まるでドタバタ喜劇のようだが、結果として、その家族は、揃《そろ》っておぢばへ帰らせていただいた。

時おり、成ってくる、その成りゆきの中に、不思議という空気が漂うことがある。その日、少年は団参に合流し、楽しくて、嬉《うれ》しくて、絵日記と同じおぢばの一日を過ごした。翌朝、詰所で目がさめると、あの腹痛は消えていた。

かけがえのない体験を胸に刻んだ少年の不思議な夏休みである。

一に勢い

さあ救《たす》けにゃならんが神、救からにゃならんが精神。

（明治三十八年七月四日）

教祖が直々におさづけをお取り次ぎなされた様子を伝えるものの一つに、明治九年頃のことを記したものがある。

当時、松村千代治という方が、ふとしたことから両眼が塞《ふさ》がり、盲目となった。氏は杖《つえ》にすがりながら、おぢばに詣《もう》でて、教祖におたすけを願われた。

教祖は、ただ一言「地金《じがね》をとるんやで」と仰せられて、「悪《あ》しきを拂《はら》ふて助け給え」と、大きな声で氏の顔を下から上へ撫《な》で上げられた。その勢いの凄《すさ》まじかったこと。下を向いている鼻が天井を向くかと思われたが、それと同時に、氏の両眼がパッと見開いた。その時、教祖は「おたすけは一に勢いや」と仰せられたという。その頃のおたすけは全く勢いであったと添えられている。（『天理教高安《たかやす》大教会史』）

一に勢い。エイッという勢いには、人間思案や逡巡《しゅんじゅん》を吹き飛ばす力がある。理屈を容《い》れず、問答無用の観さえある。

思い切りはいんねん切りとも聞くが、地金というのは、癖《くせ》や性分、あるいはさらに深く心が囚《とら》われてきた何物か、その一切を断ち切って親神に凭《もた》れることだろうか。「地金をとるんやで」という親心のこもるお言葉そのものにも、しかし、問答無用の響きがあり、勢いがある。

おさしづは「救からにゃならんが精神」と本質に踏み込まれる。たすけの旬の追い風にいよいよ勢いをつけ、気合を充満させて、さあっ。

城下町の老舗書店

年限経《た》てば、あちらの理も忘れ、こちらの理も忘れ、たゞ表だけの理になる。苦情が栄えて、道が栄えるか。（明治三十二年五月十四日）

紀州のこぢんまりとした城下、商店街の書店で思わず感じ入った。その書店は今どきには珍しく立ち読みを嫌う。「本というものは大事に扱ってほしい、世界が広がる特別なものですから」と店主。

ところが、立ち読みも度を越せば歴史に残る場合もある。十歳にも満たないその少年は、毎日毎日やってきては延々と立ち読みをして動かない。あまりの熱心さに、当時の店主は少年を頼もしく思い、見逃し続けた。嘉永《かえい》初年ごろ、学問に目覚めた少年・陸奥宗光《むつむねみつ》である。その書店が、なんと近所のその書店であった。

嘉永五年（一八五二）、父が失脚すると宗光は各地を転々とした後、江戸に出て苦学するが、幕末の機運が彼の才能に火をつける。文久《ぶんきゅう》二年（一八六二）京に上り、翌年には神戸にあった海軍操練所で勝海舟《かつかいしゅう》に師事、やがて脱藩して坂本龍馬《さかもとりょうま》の海援隊《かいえんたい》に参加する。弱冠二十代の若さで明治という近代国家構築の一役を担った。その後も曲折を繰り返し、剃刀《かみそり》と喩《たと》えられた外務大臣を最後に波瀾《はらん》の生涯を閉じる。五十四歳、夏。

長い時が過ぎた。

想《おも》うに、宗光の志《こころざし》もさることながら、今どき駐車場もなく、ことさら変哲のないその書店が、少年の立ち読みをしていた時と同じ屋号で、しかも、十四代目になる店主の姓が創業以来一度も変わらずに今もそこに存在しているという現実には、ちょっと凄《すご》みがある。温厚な店主夫妻と話していると、何百年もの時をこえて、この店のいったい何が栄えているのだろう、という不思議な思いがした。

ちなみに、少年が立ち読みをしていた嘉永初年頃、かの書店は、元和《げんな》年間の創業以来すでに二百三十年をゆうに越えていた計算になる。

狼

これは何《なん》ぞ知らせであろう。先々《さきさき》心一つ〳〵思う。これは思わんにゃならん。
(明治三十一年七月二十三日)

先人の信仰を伝える珍しい挿話《そうわ》がある。

山また山を越えて三十幾里、山田伊八郎《やまだいはちろう》は再々吉野郡北山村《よしのぐんきたやまむら》まで草鞋《わらじ》ばきで布教に運んだ。ただ、この方面へは決して一人では歩かなかった。狼《おおかみ》が出るからである。

ある時、山の中で大きな狼に出くわした。道の真ん中に座りこんで、目をぎらぎら光らせてじっとこちらを見ている。気味のよいものではない。お伴《とも》をした人が「先生、狼という奴《やつ》は位《くらい》を持っているので、上を通ったら危険ですよ。下さえ通りゃ何もしやしません」と、進言した。

「左様《さよう》か、でもこちらには神様がついてござるからな。しかしおまはんの親切や、下通らして貰《もら》おうか」と、下へおりて通り越したら何の事もなく、狼はいつまでも坐《すわ》ったまま、じろじろ眺めていた。

伊八郎は、「この度《たび》は、よっぽど低くならして頂かにゃいかんな、大きな仕事をさして下さるのだ」と思った。案の定、大きなおたすけ、立派なよふぼくを引き出して帰った。（『山田伊八郎文書』敷島大教会編）

ちょっとした成って来る事柄の中に、親神様の親心を思案し、即座に心を定めて実行するという常々の信仰姿勢は、こんな稀有《けう》な場面でさえも変わることはない。

ちなみに記録によると、この挿話当時、日本狼は意外に里近くに住んでいたようで、鹿《しか》や猪《いのしし》などの田畑を荒らす獣《けもの》を退治してくれたという。後に絶滅したとされる日本狼だが、明治三十八年一月に奈良県吉野郡（現・東吉野村鷲家口《わしかぐち》）で捕獲された若い雄が確実な最後の生息情報とされている。

クチコミ

遠い所からにをいと言う、又《また》風の便りと言う。遠い所から風の便り。

（明治二十六年十月二十二日）

こどもおぢばがえりの準備が始まるころ、初老の夫婦がおぢばへ訪ねてきた。その不案内な様子に声を掛けた筆者の知人が事情を聞いて仰天《ぎょうてん》した。事業に失敗し、死に場所をもとめて旅をしていたのだ。道中、主人が「死ぬ前に一度、人類のふるさと、というところを見てみたい」ともちかけ、妻も同意したという。神殿、教祖殿と案内され、教えに触れて思いを改めた二人は、のちに修養科に入ったという。

親里では茶飯事のことかもしれないが、この話には心に残る一つの特徴があった。知人がいくら尋ねても、主人には天理教を信仰している知り合いはおらず、人類のふるさと天理という言葉をどうやって知ったのかもわからない、ということである。

どこかでお道のポスターが目にとまったのだろうか。それとも、街角で叫ぶ布教師の言葉が耳に残っていたのか。配られたパンフレットを見たのか。もしかすると、玄関先で追い返した布教師が言い残した「人類のふるさと……」という一言であったのかと、空想する。

よく、道の草創期の逸話の中に、あちらこちらと医者をまわったが身上が回復せず、しまいには匙《さじ》を投げられて困っているというときに、庄屋敷《しょやしき》村に生き神様がおいでになるという噂《うわさ》を聞いて……云々《うんぬん》、といったことからおたすけが展開することがある。にをいとは、時として、噂のような、あるいは、今でいうクチコミのようなものかもしれない。

風の便りのような情報に細い命の糸がゆだねられるのである。

天の綱

神が手を引いて連れて通る。天の綱を持って行くも同じ事。
（明治三十三年二月十一日）

信仰を伝えるということは、何がどのように伝わることだろうかと、ふと、立ち止まると、かつて熱心な青年が話してくれたことを思い出した。

彼は小さいときからお母さんと二人暮らしで、仕事をもつお母さんは、彼を保育所にあずけるまえに必ず教会に参拝していたという。

「僕は、小さいころ母に連れられて教会へ行くのが大好きでした。お小遣いが貰《もら》えるからです。小さな両手にいっぱいの硬貨を貰うんです。そして、母の言うとおりそれを参拝場の前のほうの賽銭箱《さいせんばこ》まで一人で行って、ジャラジャラって入れるんです。何度も何度も教会へ行く度《たび》にそれをくりかえしました。母はそのための硬貨をいつも用意していたようです。……これさえ身につければ、この子の将来は何の心配もありません。と母がよく人に言っていました」と、屈託《くったく》のない笑顔で話してくれた。

お母さんにすれば、おそらく「この子の将来」を見とどけることはできないだろうと思うから、尚《なお》のことであったろう。のちに青年は、布教所を開設し、仕事も順調に、家庭にも恵まれて、家族ぐるみで教会の御用を大切にしている。

天から降ろされたひとすじの綱をたぐりよせて、「何があっても、放すんじゃないよ」と、小さな手に綱を握らせてあげるお母さんの切実な思い。伝わったのは、その切実な思いだったのかもしれない。

無言の仕込み

口で大切あって心に大切無くば、一時《じ》に理が消えて了《しま》う。
（明治二十七年九月十三日）

以前に取材でノーベル化学賞を受賞（一九八一年）した福井謙一《ふくいけんいち》氏にお話を伺ったことがある。氏は大変なメモ魔で、「メモをしないと忘れてしまうような着想こそが貴重なのです」と微《かす》かな閃《ひらめ》きを大切にした。就寝の際には枕元にメモ帳を置いて、深夜ふと目が覚めて浮かんだことを、暗闇で寝たまま頭上のメモに書き取るという驚くべき特技を持っていた。そのメモがなければノーベル賞も貰《もら》えなかったかもしれません、とまで言って笑った。その謙虚さが立派だと思った。

メモというには恐れ多いが、明治十四年から二十年までの間、山田伊八郎が教祖より戴《いただ》いたお言葉を克明《こくめい》に書き取った膨大《ぼうだい》な文書がある。教祖は常々「書き取ってはならん。よく心に聞かしてもらえ」と、よく仰《おっしゃ》っておられたようだが、伊八郎に対しては筆録を重んじた。

ところが、その日付に丸一年の空白がある。明治十七年四月九日にお言葉を頂戴《ちょうだい》した後、「神様何とも仰《おお》せられず」と記されるのみで、その後筆が止まっている。お言葉が戴けず苦しみ悩んだ伊八郎は、いつも元初《もとはじ》まりの話や、かしもの・かりものという同じ内容のお話に、筆録も怠《おこた》りがちになり、お言葉を軽《かろ》しめていたことを心からさんげし、今後、教祖のお言葉は一言一句たりともゆるがせにせず書き記すと心を定めた。それをお受け取り下されてか、明治十八年三月二十八日、一年ぶりにお言葉があり筆録が再開している。内容は言うまでもなく、かしもの・かりもののお話であった。

後世の私たちにとっても、心すべき無言の仕込みである。

ぢばから救ける

残らずぢばから救《たす》ける。万事何から大切、第一のたすけ、ぢばより救ける。
（明治二十四年十一月二十三日）

看護師で四十三歳の女性が仕事中、右のまぶたに違和感を感じた。過労のせいだろうと猫の手もかりたい中を親切な同僚らに勧められて早退した。そこに、たまたま救命救急士の資格試験を受けるために遠くから来ていた義弟が姉の顔を見て異変に気づき、検査の結果、くも膜下出血とわかり緊急手術を受けた。
ごく早期であったため後遺症もほとんど無かったが、当初、違和感があったまぶたと眼球に異常が残った。右目の瞳《ひとみ》が真横を向いてしまったのである。女性だけに気の毒に思い、話がそのことに及ぶと、彼女は意外にも「死んでいたかもしれないものを、不思議な偶然がいくつも重なって、大難小難にたすけていただいて、ありがたいばっかりです。目のことは気になりません。このままでいいんです。ありがたいばっかりです」と、ただ感謝の言葉があふれた。

彼女はその御礼をこめて修養科に入る心をきめ、理解のない夫と姑《しゅうとめ》に「心を入れ替えてきます」と切願した。

やっとの思いでおぢばにかえり、修養科生として一夜明けた翌朝、詰所の洗面所で鏡を見て息をのんだ。横を向いてしまっていた目がまっすぐ正常になっているのである。二カ月余りも変わりのなかったものを、一夜のうちに親神様のお励ましくださる印をお見せいただいた。

不思議なご守護をいただくには、相応の心定めがあるだろう。けれども、ぢばの理に心身を委《ゆだ》ねて心の立て替えに励む、修養科志願の心定めは昔も今も変わらないたすけの定石《じょうせき》だと思うのである。

ペルソナ

小さき真似《まね》しては小そうてならん。（明治三十四年四月十六日）

「何の真似だ」という言い方があるが、これはあまり芳《かんば》しくないときにつかわれる。ただ、人は誰かの考え方やしぐさを知らず識《し》らず真似ながら成長していくというのもほんとうで、それだけに、いい真似を選んでする難しさもある。

中世ヨーロッパで演劇や仮面舞踏会に用いられた仮面を古来ラテン語でペルソナという。ペルソナは、人格や個性をあらわすパーソンやパーソナリティの語源であって、心理学には人格を仮面になぞらえる考え方がある。人はどんな仮面をつけて、どんな人格を演じるのかということらしいが、この仮面が自身の欲望を覆《おお》い隠すともいわれる。

兼好《けんこう》の『徒然草《つれづれぐさ》』には、「狂人のまねとて大路《おおじ》を走らば、すなはち狂人なり。……偽《いつわ》りても賢《けん》を学ばんを賢といふべし」とある。つまり、狂人の真似だといって大通りを走れば、それは本物の狂人である。……たとえ本心からではなくても、賢人を見習おうと努める者は、賢人と呼んでいいのだ、という。

真似事のようであっても、心をこめて行いつづければ、いつか時をこえて本物になる日がくる、ということだろう。

抽象的な例えになってしまったが、「何の真似だ」と言われないように、若い時ほど、いい真似を選んですることが大切と思われるのである。

花は足で生ける

丹精尽《たんせいつく》すは世界一つの道理や。難《むつか》しい事をせいとは言わん。

（明治二十三年四月十九日）

道友社のおやさと書店三島店に、月次祭の帰り道に立ち寄ったことはなかった。頻繁におぢばに帰らせていただく者にとっては、必要とあらば混雑を避けて別の日にするからである。ところがその日は、どうしても今日でなければと家内にせがまれて大混雑にもぐりこんだ。

しばらくして、レジの長蛇の行列にならんだ家内を見つけて、やれやれと店の外で待つことにした。何を買ったの、と見せてもらうと、様々な定期刊行物が袋いっぱいに入っている。たとえば、今月の『はっぴすと』は学修の特集だから誰々君に、今回の『ウィズ・ユゥ』はこういう内容、あの子にちょうどいい、『リトルマガジン』は、こどもおぢばがえりのお誘い号だからたくさん買って、『大望《たいもう》』の特集は、『さんさい』は、という具合に一冊ずつ行き先が決まっている。わかったわかった、しかし、こんな面倒臭いことをいつもやってるのかと聞くと、そうよ、レジにならんでる人、そんな人が多いよ。とあっさり。

長いこと出版の御用に携わりながら、どこかで、文書布教というのは布教の本筋ではないような気がしていた。が、訂正をしなければならない。レジの行列からは「なんとか、道につながってほしい」という願いが伝わってくる。

花は足で生ける、という話を教会の花をいつも生けてくださる年配の方から聞いたことがある。元来、花を生けるには野山を歩きまわり、さまざまな個性をもった草木を集めることが大切という意味であって、ほんとうに足で花を生けるご婦人を連想してはいけないのである。

文書布教というけれど、その本質は足でするものかもしれない。いや、足でするものは多い。

くちなし

学問有る者も無き者も皆《みな》同じ事、皆《み》んなをやゝゝが育てゝ居《い》る。
（明治三十年四月二十二日）

梔子《くちなし》は常緑の低木でふつうはそう大きいものではないが、先日、人の背丈ほどもある立派なのをいただいたので教会の前栽《せんざい》に植えた。春の沈丁花《じんちょうげ》、秋の金木犀《きんもくせい》にならんで夏の梔子はどこか南方系のジャスミンの薫《かお》りに似ていて、その花が八重咲きものは実がならないが、一重咲きものは実がなる。実は熟しても口が開かないところから〈口無し〉の和名になったという。

筆者が生まれたときにはもういなかった母方の祖父は、よく持ち物に〈梔子〉と書いてあったという。晩年、祖父は「これは僕の彼女ではない。僕の性格だ」と言っていたそうである。理の親から「これからのお道は学問が必要」と言われ、祖父は当時のお道にはめずらしく大学で法律を修めたのだが、青年勤めをしている折に、大学を出たからといってえらそうに言っている……という意味の陰口が耳に入り、以来、ものを言わず不言実行を心に誓ったという。若き日の純朴な煩悶《はんもん》であった。それから梔子という名を好んで使うようになったという。明治のご時世である。

はたして、この道に学問は要《い》るのかどうか、と思うことがある。ただ、様々な事情から、ややもすると義務教育さえも終えることが出来なかったにもかかわらず、一流の教養を身につけておられた幾多先人のたたずまいに、身を修めるということの貴《とうと》さを思うのである。

口無しとは、どこか潔《いさぎよ》く清々《すがすが》しい。あるいは、深いつつしみのようでもある。

今年の暮れには、家内はおせち料理の栗きんとんの黄色い色付けに、自家製の梔子の実を使えるのだろうか。八重が咲くか一重が咲くか、ジャスミンに似た甘い薫りがただようころには梅雨も明ける。

走る気になれない廊下

天然自然という処成程《ところなるほど》と言う。めん〳〵承知して居《お》れば、どんな慎みも出来る。

（明治二十六年五月十一日）

滋賀県犬上《いぬかみ》郡の豊郷尋常《とよさとじんじょう》高等小学校は、昭和十二年（一九三七）、当時の農村地方にはきわめて稀《まれ》な鉄筋コンクリート造りで完成した。今はひっそりと廃校になったその校舎のことが新聞の地方欄にでていた。

白い長い校舎と緑の前庭との空間の取り方が絶妙で、日本における従来の学校のイメージからかけ離れ、アメリカ的でモダンである。その記事の筆者は、「校舎に入ると、まず驚かされたのは、長さ約百十メートル、幅二・四メートルの長い広い廊下である。毎朝ワックスがけの日課があったそうだが、児童がいなくなった現在も光沢を帯びていた。私は心密かに雨天のときは運動会ができるなあと思った。関係者に聞くと余りにも立派過ぎて走る気になれないそうだ」と記し、最後に、日本で数多くの西洋建築を手がけ、この校舎を設計した建築家ヴォーリズの建築理念を紹介している。すなわち、「十分均整のとれたものであれば、それは必ず性格の上に、感傷的にも道徳的にも何らかの感化を与えるはずである」と。なるほど、人の情操《じょうそう》はそういう意図的な仕掛けによって育《はぐく》まれることがままあるだろうと感心した。

たとえば、という話でなければ表せない心の機微があるように思う。比喩《ひゆ》的な表現はおさしづにも多く、受けたまわる者はその薫《かお》りを利《き》き分けて、深いご神意を悟り取ることができるのである。

先のおさしづの薫りを思うと、やはり、走る気になれない廊下は、気安く走るものではない。

二匹のヌイグルミ

精神一つの理によって、一人万人《いちにんまんにん》に向かう。神は心に乗りて働く。心さえしっかりすれば、神が自由自在《じゆうようじざい》に心に乗りて働く程《ほど》に。

（明治三十一年十月二日）

全校生徒が三百人という農村部にある小さな小学校の近くに教会があり、会長夫婦は毎年こどもおぢばがえりが近づくと勧誘用のチラシを校門の前で配る。焼きつくような炎天下にヌイグルミを着て配ったこともある。

毎年参加してくれる常連の子供も多いが、事件のあったその年は全校生徒の約半分近くがこどもおぢばがえりに参加した。

数年前の夏である。

放課後の校庭に変質者が侵入したかもしれないという警察からの通報を受けた小学校は騒然となり、職員らが手に手に棒などを持って校庭に飛び出した。が、変質者の姿はそこにはなく恐怖心だけが残った。何日かして犯人が別の場所で捕まり、自供したところによると、たしかにあの日あの学校に侵入しようとしたのだが、入れなかったという。校門で二匹のヌイグルミがチラシを配っていたからである。

いきさつを知った校長先生が感謝の思いから、自ら教会に電話をして、おぢばがえりの日程などをたずねて協力を申し出たという。

近ごろ児童を狙う犯罪が増えたせいか、こどもおぢばがえりなどの募集がしづらくなったという声を聞く。あるいは少子化のせいとも聞く。

そうだろうか……と田舎《いなか》町の小さな事件は問いかけているように思えてならない。

今年も親神様に手を引かれて、子供たちが親里に帰ってくる。

病の根

いかなるいんねんも尽《つく》し運ぶ理によって果たす、切る、という理から思《し》やんもせねばならん。一代ではない程《ほど》に。末代《まつだい》という理なら、大きい理である程に〳〵。

（明治三十年十月五日）

似たような話が続いた。

以前にくも膜下出血をご守護いただいた女性が、十年近くたった去る雨の日、自転車がすべって転倒し、頭を強く打った。今度は硬膜《こうまく》下出血をおこして一命さえ危ぶまれたが、これも、信仰のおかげで不思議なご守護をいただいた。ちなみに、「硬膜」は「くも膜」の外側にあるらしいが、これは病気の再発とはいわない。

やはり数年前にくも膜下出血を発症し、あざやかなご守護をいただいた女性の一人息子が、後日、仕事の帰りにバイクで事故を起こした。息子は頭蓋骨《ずがいこつ》骨折による脳出血で死線をさまよったが、これも、奇跡的なご守護をいただき、二カ月後に修養科を志願した。母親と同じ脳出血でも、これは遺伝とはいわない。

お医者さんは、病気は治してくれるけれども、病の根は切ってくれない。根があるかぎり似たようなものが、刈り取っても刈り取っても生えてくる。

『みかぐらうた』の二下り目に「やまひのねをきらふ」とある。

長くこの道を信心するうちに、雑草の根のようないんねんをコツコツと掘りおこしてきたが、ほんの少しでも地中に根が残っていると、忘れたころにひょっこり芽が出たりするのである。本人ならばまだしも、それが、子や孫に芽吹いた病の芽、いんねんの芽では、いかにもせつない。

「息子よ、お父さんが掘りおこしてきた根っこがまだ残っているから、あとをしっかり頼むよ」「娘よ、おばあちゃんのあと、お母さんが長年掘りおこして、ずいぶんきれいになったけれど、孫にも手伝わせて、続きを掘りおこしてちょうだい。どんな小さな根も残してはだめだよ」と、代々、本当の救《たす》かりへの作業を引き継いでいく。

ずっとむかし、「救けてください」と、この道におすがりした元一日に逆もどりをしないように。

布教の秘伝

をやに凭《もた》れ付け〳〵。これ程《ほど》丈夫あろまい。

（明治三十七年二月二十五日）

「布教の秘伝とは……」

今、まさに単独布教に出ようとする者が尋ねた。

尋ねられた婦人は、「お道に秘伝も何もありはせん。ただ無我夢中で通ったらよろしい。思案も何もいらん。教祖の雛型《ひながた》を見て、ただ夢中で通りなさい」とのことであった。

布教師は以来、無我夢中と親切を道の目標として進んだ。氏は、（無我夢中とは、おたすけが忙しくなって、無我夢中になるのだ）と思っていたが、二年、三年、一向にそんな日はなく、（無我夢中とは一体どんなことか）と無我夢中になりえず、度々《たびたび》考えたという。

氏は後に、「あのくらい、神様に喰《く》らいついていた方も少ない。一分一秒といえども、神様と離れなかった」と、生涯、無我夢中であった婦人、すなわち中川与志《なかがわよし》姉（東本初代）の心像《しんぞう》に思いあたる。

布教熱心ということは、そこへと駆り立てる、やむにやまれぬものがあってのことで、理屈ではない。しかしながら、生涯、無我夢中という生きざまを貫くには、おそらく「教祖のお心を想《おも》う」という、あるいは「教祖をお慕い申し上げる」ということほどの胆力《たんりょく》をもたらせるものは他にはあろうまい。

布教の秘伝なるものがあるとするならば、それは、異口同音にして、「教祖の雛型を見て、ただ夢中で通りなさい」というあたりに帰一《きいつ》するにちがいない。

布教師の力そのものである。

命のリレー

一代と思う心の理が淋《さ》ぶしい。末代《まつだい》という理を聞き分けるなら、何も淋むしい事はあろうまい。道という一つの理を治めてくれ。

（明治三十一年二月五日）

命のリレーをする蝶《ちょう》を偶然テレビで知った。体長五センチほどのその蝶は綺麗《きれい》な黒とオレンジの羽をもち、王様という意味からモナルカ蝶（学名オオカバマダラ）とよばれる。毎年、越冬のために、カナダ周辺から約四千キロを飛び、メキシコ・ミチョアカン州アンガンゲオ村の標高三千メートル近い森にある樅《もみ》の一種、オヤメルという木に数億匹が群がる。巨木はぎっしりと花が咲いたようになり、蝶の重みで枝が折れることさえあるという。

そこで冬を耐えたモナルカ蝶は、やがて春になると再び故郷のカナダを目指して北上の旅に出る。帰路についた蝶たちは四月頃、適当な産卵地に子供を産み、親たちはそこで死んでしまう。一望、何億という蝶の死骸《しがい》である。再び旅を続けるのはそこで生まれた二代目たちである。命のリレーが始まる。六月頃からは三代目たちへと旅は引き継がれ、八月に生まれた四代目たちがさらに北上を続け、やがて故郷に辿《たど》りつく頃には、ふたたび越冬のためにメキシコへ旅立つ秋が近づく。南下するときは一代で飛んだものを、北上のときは世代交代を繰り返しながら大移動をするのである。

思えば、その年の春、故郷のカナダを目指して旅を始めたのは、遥《はる》か四代も前のご先祖様である。途上に生まれ、途上に死んでいった何代もの蝶たちは、カナダもメキシコも知らないが、決して疑うことはない。代を重ねて、生まれ替わりを繰り返しながら目的地をめざす私たちに、どこか似ているようで、旅の間に何度も地面に敷きつめられた幾億という蝶のなきがらが、まじめで、まっすぐで、貴《とうと》いものに見えた。

次男の骨折

事情無ければ心が定まらん。胸次第心次第。（明治二十年一月十三日）

以前に、事情があってこそと身にしみたことがある。

教祖百二十年祭の前年の九月。小学校五年生の次男が学校で運動会の練習中に大腿骨《だいたいこつ》を骨折して救急で入院した。骨の発育に影響のある手術はせずに、身体《からだ》をベッドに固定し、骨折した足を引っ張った状態で骨が着くのを待つ方法がとられた。その辛《つら》さを見ると不憫《ふびん》でならず、親としてさんげもし、また旬の理も心に掛かっていた。長い入院になった。

息子の枕辺《まくらべ》にはいつも友達や信者さんからのお見舞いの本やお菓子が届いていた。そんなある日、その日はたしか休日で沢山《たくさん》のお菓子が山積みになっていた。いつものように〈お供えするために〉一つ残らず袋に詰めて病室を出ようとする私の背中に、「それ、ちゃんとお供えしてな」と息子の叫ぶ声、ふりむくと満面の笑顔に涙をいっぱいためている。〈こんな子供でさえ、無邪気《むじゃき》に神様におすがりしようとしている……たすけていただきたいのだ……〉胸がつぶれる思いがした。徒歩で五分の帰り道、金銭は一切運ばせていただこうと決めた。今思えば、その瞬間が私にとっての百二十年祭であった。

その後、息子は完治のご守護をいただき、中学校をサッカー部で過ごした。あれからちょうど十年、息子の病院に通った日々のことなどすっかり忘れて過ごしているが、尽くさせていただいた喜びは消えない。それは、息子が小学校五年生までお守りいただいてきた万分の一でも御礼が出来た喜びである。

後になって、あのふしがあればこそ、と仰ぐように思うのである。

分ける

八方《はっぽう》に心を配《くば》り、理を失うようになる。
（明治二十三年七月七日）

やぶ医者の奮闘する落語『夏の医者』の高座で、落語家の桂枝雀《かつらしじゃく》さんがよく枕にしていた話がある。「……医療の進歩というのはえらいもんでございます、血液と尿を調べるだけで三百八十幾つかの病気の有る無しが分かるようになったんだそうですよ。びっくりいたしましたが、私、それよりも、人間に三百八十幾つも病気があるちゅうことのほうが、もっとびっくりいたしました……（笑）」

昔、病気は一つしかなかったという。「〈患者〉具合が悪いんですー、〈医者〉あんたは病気です」と。ところが、病気と一口に言っても上か下かということで二つに分かれる。上と言っても頭もあれば胸もあると言うのでまた分かれる。それが四つになり八つになりどんどん分かれたのであって、昔にくらべて病気が増えたわけではなく、「分けることによって、分かった、ちゅうことです」と、枝雀さん。

一方、世の中のことが分かっている人を「分別がある」というが、実はこの分け方、すなわち分類体系が一人ひとり皆同じではないという。互いに「分かり合う」ということは、相手の分類体系を理解することであり、それは非常に困難であるとする説（『「分ける」こと「わかる」こと』坂本賢三《さかもとけんぞう》著）は興味深い。世の中には、人間の考えで分類をしないほうがいいことも沢山《たくさん》あるにちがいない。

分けるといえば、スーパーのパックに入った四角い切り身は知っていても、元々の魚の姿を知らない、つまり、分けたことによって、分かりにくくなるものもあれば、木は見ていても、森を見ていないというような、小事にとらわれて大事を見失うのも危ういことだろう。

余談はともかく、『みかぐらうた』にお示しくださる病の元は、たった一つであることに変わりはない。

医者の手余り

薬を以《もっ》て治してやろうと言うやない。脈を取りて救《たす》けるやない。医者の手余りを救けるが台と言う。

（明治二十六年十月十七日）

春先のころ、ある女性が激しい腹痛をおこして検査を受けると腎臓結石とわかった。ところが、腎臓に結石以外のものが写っている。よく調べるとガンの影である。彼女は、結石の痛みがガンのあることを教えてくれた、とご守護にまず感謝した。そして、教祖の年祭に向かうこの旬にお見せいただいたことだから、何とか神様におもたれしてご守護をいただきたいと心を定め、手術を早急に勧める医師にうちあけた。相談をされた筆者も、医師が急ぐという手術を受けたほうがいいといってい た。ところが、その医師〈宗教関係の病院ではない〉は未信仰ながら、それが宗教的な救済を求めているものと真摯《しんし》に受けとめ、急ぐといった手術を見合わせたのである。

二週間後の検査でガンの影は消えていた。彼女が病院をあとにするとき医師に「お陰さまで、ありがとうございました」と涙ながらにお礼をいうと、医師は「いいえ、病気を治したのは私ではなく、あなたです」とこたえたという。

おさしづでは「医者の手余りを救ける」と、おたすけをする者も決して医療を妨げるものではないと諭《さと》される。ならば、どの時点を人の力のおよばぬ手余りというのだろうか。手余りとは手遅れということを意味するのだろうか、と気をめぐらせるうちに、「私ではなく」といった医師の謙虚さがたのもしく思えてきた。

ちばへ

元という、ぢばというは、世界もう一つと無いもの、思えば思う程《ほど》深き理。

（明治二十八年十月十一日）

「新幹線は東京が始発だと思い込んでましたけど、それが違うんですね。それよりも早いのが品川から出てるんです」と、先日、おぢばで午前九時半から始まる会議の直前に隣に座った東京在住のIさんが、大発見を教えてくれた。「それに乗ると、この時間に間に合うんです」と、嬉《うれ》しさを包まないので、こちらまで嬉しくなった。階段を駆け上がったのだろう肩で息をして。品川までの地下鉄も始発を乗り継ぐのだという。今日中に帰ります、とご多忙の折である。

そういえば、こんな会話も思い出す。大阪在住のTさんは、連日おぢばで御用が続く中、どんなに遅くなっても家に帰るのである。帰ったとしても、おそらく家には数時間しかいられないだろうに。泊まればいいようなものだが、必ず帰る。そのことをたずねると、彼は「帰れば、明くる日は、またおぢばがえりが出来ますから」と、はにかむように笑ったが、そのスタイルは長年変わることがない。

これも先日のこと。若い頃からおたすけ一筋に大きな実を挙げてこられた年配の方が、「この旬に、なんとかご守護をいただきたいと思いましてね、月々、これまでよりも、もう一回多く、おぢばに帰らせていただくことにしました」と頭を掻《か》かれたが、こちらは、かなりの遠方から飛行機をつかう。「これまでよりも」とおっしゃるが、そもそも、ただごとではないであろう「これまで」の回数がわからない。

気に留めずにいると、ほのぼのとして、なんでもないような会話の背後に、おぢばの理にたいする信念が見え隠れする。森に幾すじもの木洩《こも》れ日がさすような思いがするのである。

種は正直

善《よ》き種蒔《ま》いたら善き実がのる。

（明治三十六年三月三十日）

農作物の種には、それぞれ蒔く旬というものがあるけれども、たとえ蒔くべき旬に蒔かずにいても、その季節は何事もなかったかのように終わり、次の季節へと移っていく。むろん実りも収穫もありはしない。旬とは、そういうものである。

若いころ年寄りからよく、種は正直と聞かされた。

きゅうりの種を蒔けば、きゅうりの実がなる。ナスの種を蒔けば、ナスの実がなる。きゅうりの種を蒔いて、ナスの実がなることはない。種は正直や。たまに、「私は生涯、一筋にきゅうりの種蒔きをしてきた。どんな中も一心にきゅうりの種を蒔いてきた。ところが、どうしたことかナスの実がなった。何たること。いったい私の通ってきた道はなんだったのだ」と、不足をする人がいる。その人は生涯きゅうりの種を蒔いてきたつもりでいるが、じつはナスの種を蒔いてきたのである。種は正直や、と。

また、「人は落ち目になりたるとき、なお落ちる種を蒔くからどうもならん」とも聞く。病気をしたり仕事や人間関係などでうまく行かなかったりした時、駄目《だめ》な時ほど、とかく人は不平不満の種を蒔いてしまうもので、蒔いた種からはさらに不都合な芽が吹く。落ち目になったときにこそ、辛《つら》いだろうけれども、その中から善き心遣い、善き行いという種蒔きをしておかないと、運命を好転させるような善き事が芽生えてきはしないのである。

春さきに蒔いた朝顔の棚が、やっといま、じりじりと窓に照りつける残暑の日ざしを和らげている。

Ⅳ 教祖の温もり

風の森

真実というは火、水、風。

（明治二十年一月十三日）

夏の間はじっとしていた庭先の木の葉が、わずかに動いている。秋の声とは微《かす》かに動き始めた風ではないか。ときに、天然自然は意思があるかのような表情をみせる。

国道二四号の奈良県御所《ごせ》市に風《かぜ》の森峠《もりとうげ》がある。頂上近くのバス停は風の森という。大和《やまと》、紀伊《きい》両国を結ぶ古代交通の要所で、金剛山麓《こんごうさんろく》から強い風が吹くことから、この美しい名がついたという。冬場、局地的な風雪でにわかに通行止めになるのもこの峠である。

酒造業を営む曾祖父《そうそふ》が信仰をし始めたのは明治二十四年、二十歳のときだった。

村の役をする家が改宗の届けを出すと寺は驚き、土地の役員や顔役を集めて相談を重ね天理教反対ののろしが上がった。嫁いでいた姉はそれを理由に実家に戻された。ある日、村の集会場に呼び出され、公衆の面前で僧侶と討論をさせられ、独り壇上で罵倒《ばとう》の的となった。僧侶が質問を浴びせる。「すべてのものは、そちが言う神が人間のために造ったのであれば、では、人を傷つける猛獣や毒蛇は何故《なぜ》神がつくったか」。曾祖父が答える。「では聞くが、人間が生きるために一日たりともなくてはならぬ火と水、その火に焼け、その水に溺《おぼ》れて死ぬものがある。その理は何か…」。吹きやまぬ反対の嵐、この聴衆の中から後に教会の役員となる人たちが出る。

紀州から秋めく風の森を越えると眼下に奈良盆地が開ける。曾祖父以来ぢばへと通う道である。

最後の一枚

どんな所にをいい掛かるも神が働くから掛かる。

（明治二十六年七月十二日）

「天理教の教えをくわしく知りたいのです」と、四十代の男性が教会を訪ねてきたのは、秋も少し深まった頃だった。真摯《しんし》な態度で数時間にわたってお話を聴き、また明日参ります、といって明くる日もやってきた。さらに数時間お話を聴くと丁寧に礼を述べて帰っていった。

夏の盛りに、近くの路上で学生風の女の子から天理教のパンフレットをもらった。そこに書かれてあることが心の琴の糸にふれて、くわしく知りたいと思い、教会のスタンプを見てやってきたのだという。

学生風の女の子には心当たりがあった。教会実修ということで、毎年この時期に十日余りおぢばの専修科生さんを二、三人お預かりしているのである。昼食ぬきの神名流しとにをいがけは日課である。そうか、あの子たちかと思い、「そのパンフレットを手渡されたときに、彼女はどんなことを話しましたか?」と、聴いてみた。すると男性は、「あの時、たしか彼女は、やったー、最後の一枚やー、といってました」と、ぎごちない笑顔になった。返す言葉がなかった。

彼女たちは「今日は私、七十部」「じゃあ、私は八十部」といった具合に、パンフレットの枚数を競い合って、毎日々々焼きつくような炎天下のアスファルトに飛び出していった。頼もしかった。おそらく、「やったー」の言葉も仲間に向けていったのだろう。たとえ、それが勢いだけでもいいのである。下手《へた》くそでもいいのである。「やったー、立派なおにをいがけや」と彼女たちにいいたい。

男性は、単身赴任でこの地に来ていたのだが、年季が明けて帰る日が近いので、思いきって教会を訪ねたという。国に帰ったら最寄りの教会を訪ねると約束をした。

忘れ傘

若い年寄りによらん。未《ま》だ〳〵という心を誠や。（中略）いつ〳〵までも明《あ》かきの心治め。何処《どこ》までも未だ〳〵と治め。

（明治二十一年一月三日）

京都には公私に縁があって赴くことが多い。季節の境が濁《にご》ってぼやけた近頃でも、折々の京の風習には季節の機微があって美しい。

世の中には、何々の七不思議といって好奇心をそそるものがあちこちにあるが、三門がことに素晴らしい東山の知恩院《ちおんいん》は七不思議の寺としても知られる。その七不思議の一つが「左甚五郎《ひだりじんごろう》の忘れ傘」といわれるもので、甚五郎が本堂を建設したとき屋根の軒裏に魔除《まよ》けとして残した番傘《ばんがさ》である。なかなか見つけにくいのだが、観光客が次々と高いところを指差すので、その先を見て「ああ、あれか」と合点がいくのである。

「家を建てるときは瓦《かわら》三枚残す」という言葉があるように、建物は完成した瞬間から崩壊が始まる、ならば一箇所だけわざと不備なところを残して未完成であると見なし、長持ちするように願ったのである。大工の願いは私利に薄く純粋である。

徳川時代初期の豪壮華麗な建築として、この知恩院の三門、二条城、日光東照宮《とうしょうぐう》などがよく挙げられるが、その日光東照宮の陽明門《ようめいもん》にも一本だけ柱の模様を逆さにした逆柱《さかばしら》といわれる不思議なものがある。

未完成という語感から「きりなしふしん」という教えを思う。「若い年寄りによらん。未だ〳〵という心を誠や」すなわち、若いとか年寄りだからという区別はなく、常に自らを省みて、「まだまだ充分心が治まっていない」と、謙虚に心の成人に努力する、そういう心が誠にほかならない。いつまでも「まだまだ」と人間思案の影がない明るい心で通る事が大切である。

「まだまだ」は、心の中に残された「忘れ傘」である。

あほうが望み

どんな事も心に掛けずして、優しい心神の望み。

（明治三十四年三月七日）

てをどりの九下り目の「かみのこゝろにもたれつけ」という手振りのように、目に見えない神に人がもたれかかるという象徴的な姿は、見ようによっては滑稽《こっけい》でもあり、人によっては阿呆《あほう》に映るかもしれない。

ところが、その姿にこそ人と神とのきわめて重大なやりとりがある、と大袈裟《おおげさ》ではなく思うのである。

増井《ますい》りんは教祖から賜《たまわ》った次のお言葉を大切に記している。

「神様、私どもはあほうでございまする」と申しましたならば、「さようかえ、お前さんはあほうかえ。神様には、あほうが望みと仰《おっ》しゃるのやで。……人が頭を張れば、ああなたの手は痛いではございませんかと言って、その人の手をなでるのやで」と、仰しゃる。「その通りに、優しい心になるのやで」とお聞かせいただいております。……「どうぞどうぞ神様、その人たちを救《たす》けてやって下さいませ」と、まだ神様へその人の事をば、お願いをしてあげまするのが、これが真実の誠であります。

小鳥の餌《えさ》ほどのささやかな経験や知恵を頼りとする我々は、とかく、それを浅はかとわかりながらも、執着し囚《とら》われる。

阿呆とは、理屈ではなく神にもたれかかることかもしれない。

二代真柱様は「……信仰者は、自己に教理を合《あわ》すよりも、教理に自己を合して行く道を辿《たど》るのが、普通なのであります。自己を洞《うつろ》にして、教《おしえ》に添つてゆくよろこびを味《あじわ》うのが、信仰者の道なのであります……」(『真柱訓話集』第十二巻)と諭《さと》されたことがある。自己を洞にして、教えに添うよろこび。じんと胸にしみるお言葉である。

自身の執着などは、ぼんやりと、まるで「心に掛けずして」、優しい心で暮らしたい。

石の上にも千回

にをいがけという。古き諭《さとし》にある。一人の精神の事情あれば、一国《こく》とも言う。
（明治二十五年五月二十八日）

おたすけは井戸掘りに似ていて、どんなに苦労をして掘り進んでも、水が出る三〇センチ手前であきらめては何にもならない、という例え話がある。あと三〇センチで水が出ると分かっていれば誰にでも出来る。ところが、目に見えない三〇センチ先は、いつ辿《たど》り着けるとも知れない彼方《かなた》にも感じるのである。

先人の手記に、次のような記述があり、肩に「布教」としるしてある。

「一時する事ハ、石の上へ木を植《うえ》ルも同じ事。これは育つものやない。日々に百ぺんも千べんも石の上へかよえば、はきものの土でも一ぺん〳〵たまる。そ

の上へ植えたらこれは育つなり」（『山田伊八郎文書』敷島大教会編）

一時的にする布教は、石の上に木を植えるようなもので、これは育つものではない。日々にたんのうの心を治め、その石の上に百回も千回も通い続ければ、履物の裏に着いたわずかな土のようなものでも、そこに溜《た》まっていく。その土に植えた木は育つ。

粉雪のように真実の理が少しずつ少しずつ積もっていくと、親神様は今まで存在しなかった教えの伝わる環境をご用意くださるのである。

「その上へ植えたらこれは育つなり」と、先人はまっすぐに目を見て言い切られる。

言葉一つ

日々《にちにち》という、言葉一つという、これ聞き分けてくれるよう。

（明治二十六年六月十九日）

作家の谷崎潤一郎《たにざきじゅんいちろう》は、自身の文章作法をまとめた『文章読本』の中で「言葉は一つく〳〵がそれ自身生き物であり、人間が言葉を使ふと同時に、言葉も人間を使ふことがある」と気味の悪いことを言う。

民俗学者の柳田國男《やなぎたくにお》は随想の中で、言語表現の能力が磨かれるにつれて人は泣かなくなったことを指摘する。つまり、言葉で感情を意のままに伝えられるようになって、涙という身体言語に依存する度合いが低下したというのである。一説には、豊かな言語能力を手に入れることで、人は暴力というもうひとつの身体言語を用いる衝動からも逃れてきたという。人の思考はその人が持っている言葉だけで出来ているとも言われる。

おさしづは、若い者の育成に関わる御諭《さと》しの結びのお言葉で、日々の言葉遣い一つによって物事が大きく違ってくると諭される。また、言葉遣いは相手だけではなく、自分に対しても影響を及ぼすことを忘れてはならないのである。気を付けなければ、谷崎の言うように、自分が使った不用意な言葉に自分自身が支配されることにもなりかねない。

言葉と言えば、読書の影響も計り知れないものがある。かつて国際児童図書評議会（ＩＢＢＹ）の世界大会（平成十年）において、皇后陛下がなさった基調講演の次のような言葉が胸に残る。

「……悲しみの多いこの世を子供が生き続けるためには、悲しみに耐える心が養われると共に、喜びを敏感に感じとる心、又《また》、喜びに向かって伸びようとする心が養われることが大切だと思います。そして最後にもう一つ、本への感謝をこめてつけ加えます。読書は、人生の全てが、決して単純でないことを教えてくれました。……子供達と本とを結ぶＩＢＢＹの大切な仕事をお続け下さい……子供達が人生の複雑さに耐え、それぞれに与えられた人生を受け入れて生き、やがて一人一人、私共全てのふるさとであるこの地球で、平和の道具となっていくために」

灯下に親しむ候である。

楽しみは苦労の中に

辛《つら》い日は楽しみ。辛い日辛いと思うから間違う。（中略）しんどの中に実《み》がある。楽の中に実が無い。

（明治三十二年十二月六日）

身上事情は道の花と聞かせていただくが、旬とは鮮やかなもので、百花繚乱《ひゃっかりょうらん》、親神様が成人をお急《せ》き込みくださる。急ぐ、と仰せられるのである。いうまでもなく、花は実を結ぶことを目的に咲いている。

明治十八年頃、山田伊八郎の手記にこういう記述がある。

（たすけ一条の道中、厳しい事情が重なり、妻・こいそは）夜もろく〳〵やすまれぬようになったので、こいそが教祖にお伺いしたところ、教祖は、「十年の仕事、十年かかりて致せば楽に出来るやろう。なれど十年の仕事、三年に致せば夜もろ

く〳〵休まれようまい。なれどあと七年は陽気暮《ぐら》し」と仰せ下された。（丸カッコ内は筆者）

その頃こいそは、なぜ来る年も〳〵苦労が絶えぬのかなと思うておぢばへ帰ったところ、教祖仰せられるには、「こいそさん結構ですぞ、結構の種を蒔《ま》かして下さるのや。楽しまにゃならんのや」と。こいそは、なれど「これ程《ほど》苦労しているのに」と申し上げると、「さあそこやで、苦労の中に楽しみあるのや。親神様は道をせきこみ下さるのや。通らして貰《もら》う時には苦労でも、通り切ったら結構になるのや」「不思議な助けをするからに、如何《いか》なる事も見定める」と、おさとしくだされた。（『山田伊八郎文書』敷島大教会編）

ふだんなら歩いて行ける道も、走れと言われれば大変なことになる。十年の仕事を三年でしなければならないというところに、その旬でなければならない親神様のお急き込みがある。

御年祭間近、一望、道の花である。

菊花のごとく

慎みが理や、慎みが道や。慎みが世界第一の理、慎みが往還《おおくわん》や
程《ほど》に。
（明治二十五年一月十四日）

菊花《きくか》香る霜月《しもつき》。

菊にかぎったわけではないが、とくに菊は、見事なまでに己を律した立ち姿に心を打たれる。天然自然の理を正直にまもり、後から刈り揃《そろ》えたのではないか、と思うほど整然と花びらを正し、「気を付け」をして静かに立っている。

野に咲く菊のほとんどは、人の目に触れることもなく、まして褒《ほ》められることもない、にもかかわらず、その態度を決して崩さない。そして、ほのかに香るのである。菊は天のみを見て、つつしんでいる。

いつの世も人間の欲にはきりがないらしく、『韓非子《かんぴし》』には次のような記事がある。中国の斉《せい》の国王・桓公《かんこう》が宰相《さいしょう》の管仲《かんちゅう》に「富に限界があるか」と訊《き》いた。管仲は答えた。「水の限界は水のなくなるところ、富の限界は、それに満足するところにありますが、人間は、これで満足するということを知りません。それで富も自分も失ってしまいます。ここらが限界といえましょうか」。これは二千五百年も昔の話だが、管仲のいう限界は身の破滅を意味していてうすら寒い。

『みかぐらうた』に、

よくにきりないどろみづや　こゝろすみきれごくらくや　（十下り目　4）

と示される。際限のない欲望は泥水のように心を濁《にご》らせて、様々な災いや苦しみを招いてしまうが、その濁りを去り、心が澄み切れば、陽気ぐらしを味わうことができると教えられる。

晩秋の夜寒《よさむ》、透きとおるような、あの菊の生き方に憧《あこが》れるのである。

旬々の声には

どんな火の中水の中でも遁《のが》れさすという理諭《さと》したる。
（明治二十七年五月十二日）

蒔《ま》かれた種はほとんど発芽する。ただし、天然では旬に蒔いたものでなければ結実しないという。

教祖ご在世当時のある夏のこと。およそ次のようなお話が伝えられている。

教祖のもとへよく足を運んでいた熱心な信者がいた。その家では、朝から井戸掘りを始め、もう三分の一掘れば掘り上がるという頃合《ころあい》に、「教祖がお呼びだから来てもらいたい」との遣《つか》いが来た。信者はさっそく井戸から這《は》い上がって、身支度をしてお屋敷へ駆けつけた。「御用でございますか」とお伺いすると、教祖は「別になあ、これというて用事はない。あんたの顔を何となく見たくなったんで呼んだんや」と、仰《おっ》しゃった。信者は、そんなんだったら、掘り上げてくれればよかったと思い、「実は井戸掘りの最中でしたので、御用がないようでしたら……」と、教祖にお許しをいただいて帰る途中に、向こうから走ってくる家の者とバッタリ出会い、実はその信者が教祖のところへ着くか着かん頃に、せっかく掘った井戸が潰《つぶ》れたという事を聞かされた。そこで信者は、教祖のところへ戻って、たすけていただいたお礼を申し上げると、教祖は「良かったなあ、神様はあんたをたすけようと思うて呼ばはったんや。どんな事でもハイと受ける、素直なあんたの心がたすかったんやで」と諭されたという。

（『みちのとも』昭和四十七年八月号　月次祭神殿講話）

旬々の声にハイと素直に、右に左に走る。実はその瞬間、目前に迫っていた災難から遁れているということもあるかもしれない。運命を切り替えていただけるかけがえのない旬に「いずれ、そのうちに……」は禁物である。

寿命

さづけというはどの位《くらい》どれだけのものとも、高さも値打《ねうち》も分からん。

（明治二十三年七月七日）

　先日、ある年配のご婦人に術前のおさづけを取り次がせていただいた。存外に腹部の腫瘍《しゅよう》は小さくない。御用が立てあって、高速道路をとばしても間に合わないかもしれない、術後には必ず、と連絡はしてあった。病室に駆けつけたときにはもう手術室に移らなければならない時間を過ぎていたのに、婦人は「もう少しだけ待ってください、必ず来ますから」と看護師を困らせておさづけを待っていた。
　手術室の扉が閉まったあと、身内の方と病院の喫茶室で言葉を交わした。その方は沈痛な面持ちで、「あんまり、無理なお願いはできないんですよ」と。つまり、婦人は入信した若いころからおたすけ一筋で、難しいおたすけにかかると、わが寿命を切り売りするように引き換えとして身上者の命乞《いのちご》いをしてきた。そんなことを繰り返して、とっくに自身の寿命を使い果たしていることは、本人が一番よく承知している。婦人は「今日までおいていただいただけでも、ありがとうて」と。夫とともに設立した教会は、もう孫が会長になっている。

日ならずして、不思議なご守護をいただいたそのご婦人の場合、大きな身上をお見せいただく度《たび》に、使い果たしたはずの寿命に、むしろ次々と新たな命が継ぎ足されているかのように見える。

人様に取り次ぐおさづけも、自身に取り次いでいただくおさづけも、どちらも、教祖のもったいないおさづけに変わりはない。

月は何故そこに

何処《どこ》に居《い》ても月日の身の内や。何処に居るのも同じ事、誠の心一つや。

（明治二十年七月）

秋の月は白い。大気が冷たく澄んでいるせいか生々しく冴《さ》える。闇夜（新月）から産まれて三日目の月を三日月といい、「産まれる」の「う」のひらがなに形が似ている。一方、満月から徐々に欠けて闇夜に向かう月は逆向きで、「死にゆく」の「し」に似ている。一つの月が、まるで生まれ替わりを繰り返す人の魂のようで、しみじみと秋冷《しゅうれい》に身のすくむ思いがする。

「月は何故《なぜ》そこにあるのか」。そのあまりにも不可解な存在は、天文学上最大の謎とされてきた。月の直径は地球の約四分の一で、これは地球の周りを周る衛星としては異常に大きすぎるのである。他の天体の例からすると、地球のような母天体に対する衛星の大きさは数千分の一以下が普通なのである。そんな月が、もし、そこになかったならば、地球上に生命が発達することはなかったといわれる。すべての生命は、今も変わらず月の影響なしには存在しえないのである。

不可解な数字の一致もある。月は自転をしながら地球のまわりを公転しているが、この自転と公転の二十七日という周期がまったく同じであるため、月が地球に裏側を見せることは永遠にない。言い方を変えれば、月はいつもこちらを見ている。さらに、地上から見た月と太陽が同じ大きさであることは、皆既《かいき》日食に二つがきっちりと重なることからも分かる。太陽は月の約四百倍の大きさであるが、地球からの距離が月までの距離の約四百倍離れているので同じ大きさに見えるのである。

人間にとってかけがえのない月と日の変わらぬ守護を、偶然ではあり得ないと言われる奇跡の数字がわかりやすく教えている。

「来てください……」

必ず〳〵悔《くや》むやない。悔むだけ心を繋《つな》げ〳〵。

（明治二十九年四月二十一日）

ある年の瀬の夜を思い出す。

「もう、死にたいんです。来てください……」と、突然、婦人の声で電話が入った。にわかに、凍るような緊張が走った。

思いかえせば、信者さんのおたすけに病院へ通ううちに、同室の方にもおさづけを取り次がせていただくようになる、ということはよくあることで、その婦人のご主人もいつからか快く家内のおさづけを受けて下さるようになっていた。

藁《わら》にもすがるように「ありがたい」と、ご主人は喜んでくださるものの、他宗に熱心な婦人には迷惑であったらしく、いつも、不機嫌そうに窓を見ていた。

ご主人は、幾度か死線を乗り越えてくだされたが、残念ながら、その電話の一年半ほど前に出直された。それきり婦人とは消息が途絶えて、訪ねて行こうにも、自宅の住所を最後まで天理教には教えなかった。その、婦人からの悲痛な電話である。「来てください……。国道を……コンビニが見えたらそこを右に……それからクリーニング屋さんに沿って……」云々《うんぬん》。メモを片手に家内と車に飛び乗った。「待っていてください」と、祈るようにハンドルを握った。

いわば、崖っぷちのような事情の中で、婦人はこの道にすがろうとしている。どうして、熱心に心を傾けてきた他宗ではなく、うちに電話をかけてきたのだろうか。心にかかっていたこのことが、ふとした婦人のひと言で解けた。「主人は最期まで、来てほしい、来てほしいと言っていました」と。

ともかく、婦人は早まることもなく、主人の遺した言葉と、救《たす》かる旬の風に背中を押されるように、年が明けて教会に足を運んだ。教祖年祭の一カ月前、旬の風が吹いていた。

秧鶏のゆく道

成《な》るよ行《い》くよう。成ろうと思うても成らせん。

（明治二十三年五月十三日）

「秧鶏《くいな》のゆく道の上に／匂《にお》ひのいい朝風は要《い》らない／レース雲もいらない／霧がためらつてゐ《い》るので／厨房《くりや》のやうに温《ぬく》いことが知れた／栗の矮林《わいりん》を宿にした夜《よ》は／反《そり》落葉《おちば》にたまつた美しい露を／秧鶏はね酒にして呑《の》んでしまふ」

昭和十年に伊東静雄《いとうしずお》が『四季』に発表した「秧鶏は飛ばずに全路を歩いてくる」という詩の冒頭である。声に出してみると、口の中で飴玉《あめだま》のようにしばらく美味《おい》しい。多くはいらないが、ほんの一、二編の好きな詩を諳《そら》んじるということは、ささやかな人生をほんのすこおし豊かなものにしてくれる。

筆者は子供の頃まったく読書の習慣がなく、親から本を読めと再三言われても読まなかった。漫画すらも読まなかった。おかげで国語の成績は惨憺《さんたん》たるもので高校受験も危ういものだった。そんな中学校卒業を間近にしたある日、担任である国語の教師が、受験を控えている人が多いので自習にしますと言い、暇な人は聞きなさい、と言って漱石《そうせき》の短編を朗読しはじめた。聞くともなしに聞いていた暇な筆者は、やがて全身の毛が逆立つ思いがして、その日から別人のように読書漬けになった。そのことが、少なからず人生をかえた。

人の人生は人との出会いによってかたちづくられることが多い。長年、教誨師《きょうかいし》として女子刑務所に通う教友は、受刑者の中には人との出会いから犯罪にかかわった例が多く、「これからは、いい出会いがあるように徳積みをしましょう」と励ますという。

沖縄のヤンバルクイナで知られるように、秧鶏という鳥は飛ぶことが出来ず、すべての道程を歩く。秧鶏の詩にささやかな人生を重ねて深い味のする夜長である。

お父さんが動いた

真実の心あれば、抜いた剣《つるぎ》も鞘《さや》となる〳〵。（明治三十五年七月二十日）

年祭をつとめさせていただいた信者宅で年配の親戚衆が奇妙な会話をしていた。「ウチのお爺《じい》さんは、十年ってお願いしたらしいわ」「ウチのお婆《ばあ》さんもそんなことを言うてはった」。なんのことかと事情を聞いて驚いた。

明治の終わり頃、その家の主人は小さな子供九人を残して出直してしまった。慌ただしく通夜の準備が進められる中、お悔やみにきていた会長さん（筆者の曾祖《そうそ》父《ふ》）が子供たちを父の枕辺《まくらべ》に集めて、「父を亡くした子供たちには厳しい境遇が待っている、死んだも同然」と諭《さと》し、「お前達の寿命がどれだけあるか分からないが、お父さんをたすけたいと思う気持ちがあるならば、めいめい口に出さずに、心の中で〈何年〉と決めて神様にお願いしなさい」といって亡骸《なきがら》におさづけを取り次いだのである。

しばらくして、子供が「お父さんが動いた」と叫んだが、大人は誰もかまわず、忙しく通夜の準備にかかりきりであった。子供がまた「お父さんが動いた」と言うので大人がそばに寄ると、なんと息を吹きかえしていたのである。それからずいぶん長生きをしたという。

長男は「あの時、自分の命を十年お父さんにあげたいと、神様にお願いした」と晩年になって初めて妹に打ち明けた。打ち明けられた妹は父が息を吹きかえした後にできた子供で、その子孫も年祭に参拝していた。当時、長男は生き返った父に二度と命を落とすほどの苦労はさせまいと、仕送りができると言われた過酷なハワイへの移民を志し、一度も振り返ることなく移民船に乗ったという。やがて、かの地にも細い道がついた。

お道にも、時々の時代背景がある。その背景によって信仰の強調されるところも異なるようで、古いおたすけ話に色々なことを考えさせられるのである。

舫い綱

皆、をやの代《かわ》りをするのや。満足さして連れて通るが親の役や。

（明治二十一年七月七日）

過日、ある熱心な信者さん夫妻が、経営する店の従業員と共に海外旅行に出かけた先で、チャーターした観光バスが横転するという大事故に巻き込まれてしまった。連絡を受けた所属教会の奥さんには、病院に搬送されたということ以外に情報がなく、遠方へ巡教中の会長にも連絡がとれず、とにかく自分が現地に向かうしかないと決めた。早速、旅券（パスポート）を申請するものの、「即日発行ができるのは事故にあった身内に限る」と容《い》れない。彼女は居《い》ても立ってもいられず、窓口で「私達は天理教を信仰しております。天理教では、あの人達と私とは実の親子以上の親子なんです」と訴えた。すると、あろうことか「分かりました」ということになり、旅券が発行され、数時間後に彼女は機上の人となったのである。

幸い皆軽傷でまもなく帰国したが、旅券の詳しい規則はさておき、信念をもって言い切った彼女の姿勢が胸をうった。

真柱様は「今日の様々な社会問題の背景には、隣近所どころか、家族間でさえ、ばらばらな人間関係があると言われています。そうした社会の中で、教内でも、お互いの心の合わせ方の面で、欠けてきている嫌いがないかと、懸念を持つのでありますと」とされ、「道の者同士が心を合わせ、力を合わせて、世の中に働き掛け、扶《たす》け合う姿を映していかなければならない」とお諭しくださる。（立教一七〇年秋季大祭神殿講話）

たとえば、私共の多くは、導いていただく立場であると同時に、導かせていただく立場でもあるのだが、時として〈実の親子以上の親子〉は、たやすくない。けれど、いつ命を繋《つな》ぎとめるかもしれない双方の舟《ふね》をつなぐ舫《もや》い綱《づな》の修繕《しゅうぜん》は、早いにこしたことはないのである。

肴

綺麗《きれい》な道は急《せ》いてはいかん。急いては綺麗とは言えん。成って来るが綺麗なもの。

（明治三十一年八月三日）

「さんま、さんま／そが上に青き蜜柑《みかん》の酸《す》をしたたらせて／さんまを食ふはその男がふる里のならひなり」（『秋刀魚《さんま》の歌』佐藤春夫《さとうはるお》）まだ音のする焼きたての秋刀魚に色付く前の青い蜜柑をしぼる。このいかにも幸せな「ならい」は、北海道や三陸産のものに遅れて今時分、彼の愛したふるさと紀伊勝浦《きいかつうら》に南下してきた秋刀魚の食べ方である。

ところで、焼き魚はふつう〈やきざかな〉と読むが、魚という字はもともと〈さかな〉とは読まなかったらしい。〈さかな〉は、〈酒菜〉もしくは〈肴〉と書き、酒のおかずを意味していた。奈良時代から室町時代にかけて肴と呼ばれていたものは塩や味噌《みそ》などで、食物にかぎらず肴舞《さかなまい》などという言葉もあるように、舞や唄《うた》も肴であった。つまり酒を一層旨《うま》くするもの、酒席に興を添えるものを肴といったのである。江戸時代以降、酒の肴に魚類が多く使われたため魚肉を〈さかな〉とよぶようになったらしい。が、近年まで魚の音訓は〈ギョ〉と〈うお〉しか掲げられておらず、昭和四十八年内閣告示の当用漢字音訓表において、やっと〈さかな〉という訓が加えられたというから意外に新しいことに驚く。

ともあれ、これから魚の美味《おい》しい旬、寒メバルの煮付などはこの世で一番旨い食べ物に認定されたとしても一向に異論はないのである。

一方、主役の酒は〈栄え水〉を語源とする説が有力だが、本当のところは分からない。ただ、よく知る酒豪の先人（実は筆者の父）は「作った酒は旨くない」と醸造用アルコールなどを混ぜた酒を嫌った。「集めるのではなくて、集まるように。成るのではなくて、成って来るように。作ったのではなくて、出来た酒が旨い」といった。人肌燗《かん》の恋しくなる季節。いつのまにやら信仰談義が「肴」になっている。

受ける理で決まる

人々《にんにん》の理によってあたゑだけはある。どれだけ思えどもあたゑだけの事。
（明治二十三年十二月十七日）

肺気腫《はいきしゅ》を患う方とのご縁が続いた。その身上の方が増えているせいだろうか、それとも、わが身のいんねんだろうか。ものを言うたびに呼吸の辛《つら》さが伝染する。

以前に憩《いこい》の家（病院）の先生から聞いたお話に、肺気腫が悪くなって、酸素吸入が欠かせなくなったあるご婦人が、酸素マスクの下からこんなことを言ったという。

「世の中には、こんなに沢山《たくさん》の空気が満ちているのに、私の分が無いんです……それで、高いお金を出して、酸素を吸ってるんです……」と、微笑《ほほえ》みながらもせつない言葉。

長雨の頃に、樽《たる》、桶《おけ》、茶碗《ちゃわん》など大きさの違う器を外に出しておくと、やがて、それぞれの器には雨水がいっぱいに溜《た》まる。先人はそれを喩《たと》えとして、「それぞれ、受ける理に与える理がある」と諭《さと》されたという。

雨水は親神様のご守護であり、器はその人の徳分である。

この世の隅々にまで平等にお垂れ下さるご守護も、それぞれ器の大きさによって、各々《おのおの》の与えがちがってくる。つまり、与えの大小は相手によってではなく、こちらの「受ける理」によって決まるということである。徳の器を大きくするには、やはり、徳を積むことだという。

しとしとと、秋雨前線が木葉《このは》を染めて降りつづく。舞台の背景をがらりとかえる幕間のような長雨である。樽や桶とはいわないまでも、杯《さかずき》のごときわが徳の器をせめて湯呑《ゆの》みくらいにさせていただきたいと思えば楽しい。

ブラームスの母

世界のため人のためなら日々《にちにち》見え来る、月々見え来る。

（明治二十二年二月十七日）

手紙は思わぬ真実を伝えることがある。

年配の叔父が時おり気に入った音楽のＣＤを届けてくださる。多くは中世のバロックなどで、叔父は楽曲そのものよりもむしろヴァイオリンの響きやブラスの華やかさ、ブロックフレーテ（木の縦笛）の澄んだ音色《ねいろ》など、叔父の言葉を借りると「各楽士の名人芸」に感服し、その味わいなどを枯れた文字でしたためた手紙が添えられている。その手紙のなんともいえない静けさに、ふと立ち止まるような思いがして、日頃の我が心の騒々しさが恥ずかしく、透きとおるような旋律が身にしみて秋気はあふれるのである。

かと思えば、以前に天理高等学校の管弦楽団の定期演奏会で、ブラームスをとても身近に感じたことがあった。著名なオーケストラの公演ではなく、高校生の演奏がいつまでも心に残るというのも音楽のおもしろさだろう。

最近になって知ったことだが、ベートーヴェンの最も正統な後継者とまでいわれたブラームスの育った環境が、芸術家としては決して恵まれたものではなかったという。伝記作家のK・ガイリンガーは彼の生家のあたりを「貧困にうちのめされた有様《ありさま》は、余りにむさくるしく、とうてい描き表し得ない程《ほど》だった」と形容するほどの、およそ音楽や芸術にはほど遠い生活を青年期まで過ごしている。

巨人が育つ土壌はいったいどこにあったのか。先の伝記作家はしかし、「平和と喜びがブラームスの家庭を支配していた」と記している。彼の母は、他の人につくすことを何よりの生きがいと感じる女性であったという。彼女はある自筆の手紙の中で「自分のためにばかり生きて、人のために生きない人たちは、半分しか生きていないのです」としたためている。何事も偶然に現れたりはしない。

真に伝承すべきもの

真実の理を見た限り、親のあと子が伝《つた》う。心無き者どうしようと言うて成るものやない。元々の理を伝わにゃならん。

（明治二十六年六月二十一日）

伝承、ということについてである。

以前に、大蔵《おおくら》流茂山千五郎《しげやませんごろう》家の若い狂言師と話す機会があった。彼の師事した祖父も父も人間国宝である。

いわく、何百年も続いてきた伝統芸能の家にとって大きな問題は、子供が継いでくれるか、ということであり、もし、嫌だと言ったら「こわい話ですよ」と。そのために茂山家には代々守られてきた家訓が二つある。つまり、幼少のころは祖父が教育し、小学校の高学年になれば父が教育することになっていて、狂言を好きにさせるのは祖父であり、芸を教えるのは父なのである。祖父はどこまでも優しく褒《ほ》めながら狂言に親しませる。そして、ある日、師匠が父にかわった瞬間から怒鳴《どな》られ、殴《なぐ》られる。ところが、いくら怒鳴られても殴られても、もはや「狂言が好き」ということが体に染みついているので、嫌いになることはない、という。

息をのむ思いがしたのは、もう一つの家訓である。すなわち、右のごとく父が息子に厳しく教える芸は、その父が子供のときに父親から教わった芸をそのまま忠実に教えるということである。要するに、人間国宝にまで磨き高められた芸の円熟も経験も悟りも一切排除した原形のみを伝えるのである。そうでなければ伝承は成り立たないという。別れぎわ、彼は「私の親戚で、茂山の姓を名乗る男性は全員狂言師です」と添えた。

……元々の理を伝わにゃならん

つい、わが道に匂《にお》いが及ぶので空想がめぐる。真に伝承されるべきは、経験でもなければ悟りでもない、といえなくはないか。

夢でなりとも

語るに語られん、言うに言われん。夢でなりとな、現《うつつ》でなりと知らせたい。

（明治二十三年六月二十日）

それはまだ山田伊八郎が家業の合間におぢばへ通って、教祖のお仕込みをいただいていた頃のことである。

ある日、伊八郎が早朝よりおぢばへ帰ろうと思って着替えをしている時、妹が、「兄さ、何処《どこ》へお越し」と尋ねた。「お地場へ」と答えると、妹は「それならば、私は昨夜ほとんど夜通し、いろいろな夢を見た。けさ起きてもいろいろのことが思い出されて気持ちが悪い。夢は何故《なぜ》にみるものか神様（教祖のこと）にお尋ねしていただきたい」と頼んだ。

伊八郎がおぢばへ帰り、教祖の前に出てご挨拶《あいさつ》申し上げるや、いまだ何事もお尋ねしていないのに、教祖はおふでさきの中頃のところを開かれて、「ここを見て帰るのやで」と仰せられた。示されたところを見ると、十四号の初めの、

どのよふなゆめをみるのも月日なり

なにをゆうのもみな月日やで　（十四　1）

と記されたところであった。

人間がどんな夢を見るのも、又《また》、どのような話を聞くのも、すべて親神のする事である。伊八郎はハッと驚いて「神威の不可思議なるを今更《いまさら》の如《ごと》く感じた」と語る。

（『山田伊八郎・こいそ逸話集』敷島大教会編）

のちに、伊八郎は自宅の井戸水がふいに濁《にご》ったり、鶏《にわとり》が夜に鳴いたりするなど、ちょっとした日常の異変を神様のお知らせと受け止めて、おぢばに足を運び、ご神意をお伺いするようになる。

生まれかわり

生まれ更《か》わりの理は分かろうまい。何処《どこ》へどうして居《い》る。古着脱ぎ捨てて新たまるだけ。
（明治二十六年六月十二日）

深夜、ポーンと時計が一つ鳴る。はて、今のは午前一時だろうか、それとも零時半か、いや、一時半ではないかと寝床の中でまんじりともせずに闇を見つめる老いた感慨をなにかで読んだ。冷え込む夜には、しみじみとよくわかる。ただ、ポーンの後の静けさ、闇の深さが皆ちがうのかと思う。病む辛《つら》さは孤独で出来ている、と言ったのは長く大病を患った作家の遠藤周作《えんどうしゅうさく》だった。その通りかもしれないと思う。遠藤周作はカソリックの洗礼を受けており、キリスト教を題材にした作品が多いことでも知られる。

「わたくし……必ず……生《うま》れかわるから、この世界の何処かに。探して……わたくしを見つけて……約束よ、約束よ」という言葉を遺して三十五年つれそった妻は息をひきとる。小説『深い河』の衝撃的な序章である。作家がこの世を去る二年前に、カソリックの教えに矛盾《むじゅん》する「魂の生まれかわり」ということについて正面から向き合った作品である。妻の遺言が忘れられない主人公と、作家自身が重なる。自身の信仰にそぐわない「生まれかわり」という摂理を、作家はおそらく真実に違いないと考え、小説に託して世に投げかけたと思われる。

先人は「青いパジャマを着て寝ると、青いパジャマを着て目覚める。赤いパジャマで目覚めることはない」と例え話をする。生まれたばかりの赤ん坊は、ある意味において、前生《ぜんしょう》の続きから人生が始まると考えていい。どのような生き方をして人生を終えたのか、すなわち、何色のパジャマを着て寝たのかということを、今世、わが身に起こるいろんな出来事から想像をするのである。

教祖の温もり

変わらぬ一つの理は存命の理、
（明治二十二年八月二十六日）

以前に、大きな自動車事故を起こした信者さんが救命救急センターに運ばれたことがあった。しんしんと冷え込む深夜だった。助手席でシートベルトをしていなかった氏は、フロントガラスに頭を突っ込み振り戻されるときにガラスの割れ口で首を深く切った。大量の出血に、もはやこれまでというところをレスキュー隊員に救《たす》け出されたのであった。車内が一瞬を境に凍りつくような惨状《さんじょう》となった。事故はこわい。

筆者の弟が駆けつけたときには、すでに点灯していた手術中のランプが、何時間もかかって消えた。手術室から執刀医が出てきて、「命はとりとめました。これは、あの方の持ち物です」と、重く血をふくんだハンカチを差し出し、「これが、あの方の命を救いました」と、二つ折りにされていたそのハンカチを開くと、そこに血に染まったお守りがあった。医師は「この紐《ひも》が、頸《けい》動脈に重なって守っていました。動脈が切れていたら、だめだったでしょう」と不思議な偶然の説明をした。言葉が終わらないうちに涙がでていたという。偶然などではない。

心を低く澄まして見わたすと、ご存命でお働きくださる教祖のお出ましくださった跡の温《ぬく》もりが、あちらこちらに冷めずにある。

誠のかたち

誠の心というは、一寸《ちょつと》には弱いように皆《みな》思う。なれど、誠より堅き長きものは無い。
（明治二十二年八月二十一日）

私事をお許しいただきたい。

底冷えのする夜、台所で物音がするので行ってみると、パジャマ姿の父が手鍋をガスコンロで温めている。私は驚いて「何やってるんですか」と、かどのある声を出した。手鍋の中身のことではなく、風邪をひくだけで命とりと言われていた父の病状を思い、気がささくれたのである。父は教会に住み込んでいるおばちゃんが風邪をひいて臥《ふ》せっているので、玉子酒を作って持っていくのだといった。そして、手鍋をかき混ぜながら、「この中に何が入っているか、分かるか」といった。私は、

「酒と、卵と、それから砂糖」と答えると、「あと一つ」と訊《き》く。「さあ……」と生返事をすると、父は、「誠が入ってある」とにんまり笑ってやっと振り向いた。あとはしますからといって追い立てるように寝かせた。寝室の灯《あか》りを消そうとすると、父は寝床の中から、「誠は、みんなかたちをもっている。かたちのない誠はない」と、また笑ったような顔をした。私は黙ってうなずいて灯りを消した。それから長くはなかった。

今夜、しんしんと冷気がいきわたり、もう師走《しわす》だというのに、やり残したことばかりを心に積もらせながら、私は十五年近くも前の、あのガスコンロの青い火を思っている。

ご機嫌よう

今日も機嫌好《よ》う遊《あ》すんでくれたなあというは、親孝行々々と言う。

（明治三十七年三月二十九日）

余命一日、わが命が明日かならず失われることを告知されたなら、今日が暮れるまで、何を期待して、何をするだろうか。われわれが生きる今日という日は、その最後の一日と本質的に違いはない。と、むろん現代語訳ではあるが『徒然草《つれづれぐさ》』の第百八段にあり、さらに、生きる喜びを日々実感しなくてもよいものか。と、第九十三段にある。

千人をこえる末期患者と向き合い、その死を見とどけた緩和医療専門医によると、ほとんどの人は死を前にすると後悔をするという。氏はその告白の内容に類似性があることに気づき、患者のやり残したことを本にまとめた。それらを参考にすれば、人々が悔いの少ない人生を送ることができるのではないかと考えたからである。

なかでも、「感情に振り回された一生を過ごしたこと」や「他人に優しくしなかったこと」などの後悔が多かったという報告は、わかるような気がしてせつない。ある人は「今考えると、何であんなに泣いたり、あんなに怒ったりしたのかわかりません……死ぬことからすれば、そんなことなど、泣いたり怒ったりするほどのものではない……誰もが土になるのだから。皆同じ。それを知っていれば、私はもっと穏やかに生きられたと思う」と、目をほそめる。

生かされているという真実を思うと、一つの名前を呼ばれて生きた日々を、機嫌よく暮らしてきたかどうか、胸に手をあててみる。

ご機嫌よう、という挨拶《あいさつ》には、「しばらくお別れですね。ご気分、ご体調良くお過ごしできることを祈っております」という祈りがふくまれているという。

九年目を迎えた連載も今回が最終回となりました。長いことお付き合いくださり、心から感謝いたします。

それでは皆さま、ご機嫌よう。

あとがき

本書は天理教少年会発行の月刊『さんさい』誌に連載された「おさしづ手帳」(平成二十二年〈二〇一〇〉十一月号~平成三十一年〈二〇一九〉三月号一〇一回)から抜粋したものに加筆をして編集したものです。この度《たび》、それを上梓《じょうし》して下さることは、身に余る光栄です。

もとより「おさしづ手帳」は、おさしづのお言葉を解説するものではなく、身近にあった出来事や雑感とともに、自身の周りに広がる信仰の風景に、おさしづのお言葉をお借りして、読者におさしづを身近に感じ味わっていただければ、という試みでした。それを一冊に綴《と》じると、お言葉の扱い方や挿話《そうわ》の色合いが不揃《ふぞろ》いな感もありますが、季節ごとにまとめられた『おさしづ春秋』の編集に際しては、季節のうつろいの中にも決して揺らぐことないお言葉の尊さをあらためて気づかせていただだきました。

遠い昔のことですが、私が初めておさしづを身近に感じたのは、天理高校生のときでした。ある日、同級生の部屋を訪ねると、ふと見えた彼の机に「慎みが理や」と書いた小さな紙が貼ってありました。彼が大切にしていたと思われるそのお言葉の何とも言えない説得力が胸にしみたのを今も瑞々《みずみず》しくおぼえています。

その小さな入り口から、やがて、おさしづそのものに興味をもち、後に様々なかたちで、おさしづにまつわる研究や出版の御用に関わらせていただくことになりましたが、私の机の「慎みが理や」という友人の真似をした紙片は、色あせても長いことはがされることはありませんでした。たくさんではなくても、好きなお言葉を大切に思い、生活の指針にすることもおさしづの愛すべき接し方だと考えます。

「おさしづ手帳」には、「教えに基づく生き方覚書」というサブタイトルが付けられていましたが、まさに、そんなことを祈りつつ毎月書かせていただいておりました。

あらためて読み返してみると、拙《つたな》さを恥じいるばかりですが、本書がきっかけで、おさしづを身近に感じて下さる人が一人でもふえたならば、幸甚《こうじん》と思っています。
最後に、連載の当初から今日までお世話になりました加藤元一郎《かとうげんいちろう》氏、いつも励まして下さった読者の皆様、また、この度の出版にあたってお骨折りいただいた道友社編集出版課の松本泰歳《まつもとやすとし》氏はじめ皆様方に、心より感謝を申し上げます。

立教百八十二年　早春

著者しるす

◉初出

『さんさい』（天理教少年会）連載「おさしづ手帳――教えに基づく生き方覚書」

平成22年11月号～平成31年3月号〈全101回から90篇を抜粋〉

橋本道人（はしもと・みちひと）
昭和34年（1959年）、和歌山市生まれ。天理大学文学部宗教学科卒業。青年会本部出版部長、学生担当委員会出版部長、『天理教青年会史』編纂委員、和歌山教区広報部長などを歴任。現在、天理教名草《なぐさ》分教会長、天理教敷島大教会役員、天理教道友社論説委員。

おさしづ春秋《しゅんじゅう》

立教182年（2019年）4月18日　初版第1刷発行

著　者　　橋本道人

発行所　　天理教道友社
〠632-8686　奈良県天理市三島町1番地1
電話　0743（62）5388
振替　00900-7-10367

印刷所　　大日本印刷㈱

ISBN978-4-8073-0624-4
定価はカバーに表示